Zwerghamster halten

Grundlagen zur artgerechten Haltung

von Anne Davidek

Inhaltsverzeichnis

Der Zwerghamster

Zwerghamster sind mittlerweile in der Heimtierhaltung sehr beliebt. Die quirligen Gesellen sind dabei nicht zum Schmusen geeignet. Jedoch lassen sie sich gut beobachten, weshalb sie insbesondere auch für berufstätige Menschen gut geeignet sind. Zudem passen sich Zwerghamster in der Heimtierhaltung dem Tagesrhythmus ihres Besitzers/ihrer Besitzerin an. In der freien Wildbahn liegt ihre Hauptaktivitätszeit hingegen in der späten Abendzeit oder in den frühen Morgenstunden. Außerdem müssen noch einige Dinge bezüglich der Pflege, der Haltung, dem Verhalten und so weiter bedacht werden, wenn die kleinen Hamster als Haustiere leben sollen. Dieser Ratgeber soll unter anderem hierüber aufklären, damit die Grundlagen für ein schönes Zwerghamsterleben gestellt sind.

Zwerghamster gehören zu den Nagetieren und werden in die Unterordnung der Mäuseverwandten gezählt. Sie fallen in die Familie der Wühler und in die Unterfamilie der Hamster. Außerdem gehören sie je nach Rasse der Gattung der Kurzschwanz- oder Langschwanz-Zwerghamster an. Vier Rassen sind in der Heimtierhaltung besonders vertreten.

Der **Dsungarische Zwerghamster** wird etwa 9 bis 10 cm groß, 30 bis 60 g schwer und 1,5 bis 2,5 Jahre alt. Sein natürliches Verbreitungsgebiet liegt in Südwest-Sibirien sowie in Kasachstan. Dort lebt er in großen, verzweigten und unterirdischen Bauen. Viele Meter vom Bau entfernt befinden sich einzelne Vorratskammern. Auch sind die Tiere Einzel-

gänger. Bei Pärchen wird der Bock meist nach einer erfolg-
reichen Befruchtung im Sommer vom Weibchen aus dem
Nest vertrieben. Zudem ist diese Zwerghamster-Art selbst in
der Wildbahn sehr zahm. Die Kleinen kommen schnell auf
die Hand, um sich hochnehmen zu lassen. Nur selten beginnen sie zu zwicken und sie mögen auch kein Kuscheln.

Roborowski-Zwerghamster erreichen eine Größe von 7 bis
9 cm, ein Gewicht von 25 bis 40 g und ein Alter von 1,5 bis
2,5 Jahren. In der Natur leben sie in Ost-Kasachstan sowie
Nord-China in Wüsten und Halbwüsten. Da sie dort nur
wenige Gräser und Kräuter bekommen, sollten sie selbst in
der Heimtierhaltung lediglich mit einer fettarmen Kräuter-
Kleinsämereien-Mischung gefüttert werden. Ab und zu darf
es auch Kerne. Was das Zusammenleben betrifft, halten sich
Tiere dieser Art meist als Pärchen auf. Sie ziehen die Jungtiere beide zusammen groß. Die Geschwister selbst können
vielleicht in der Heimtierhaltung zusammenleben. Eventuell
müssen sie auch getrennt werden. Außerdem wird diese
Rasse nur selten zahm. Sie sind also vielmehr etwas zum
Ansehen.

Ebenso 1,5 bis 2,5 Jahre alt werden die **Campbell-Zwerghamster**. Sie erreichen eine Größe von 8 bis 9 cm sowie ein
Gewicht von 35 bis 60 g. Ihre Heimat liegt ursprünglich in
der Mongolei, in Nord-China sowie in der Mandschurei, in
kargen Steppen und im südlich-zentralen Sibirien. Hier ernähren sie sich von Gräsern, Pflanzen und Insekten. Ihre
Baue sind nicht sehr groß und sie legen keine nennenswer-
ten Vorräte an. In der freien Wildbahn betreiben sie zudem

keine gemeinsame Brutpflege, sondern leben alleine. Nur in der Heimtierhaltung kümmern sie sich gemeinsam um den Nachwuchs. Des Weiteren sind sie Menschen gegenüber etwas scheu und sie halten keinen Winterschlaf.

Etwas älter, nämlich 2 bis 3 Jahre, kann der **Chinesische Streifenhamster** werden. Sein Gewicht beträgt 30 bis 50 g und die Größe liegt bei 9 bis 11 cm. Verbreitet ist er in Süd-Sibirien, Nord-China, Korea und der Mongolei. Seine Baue sind einfach. Die Vorratskammern können vom Schlafbau weit entfernt liegen. Auch in der Natur leben diese Zwerghamster gerne in menschlicher Nähe. Demzufolge haben sie ein reichhaltiges Nahrungsspektrum. Sie fressen Kräuter, Samen, Gräser, Getreide, Früchte sowie Insekten. Bei alldem leben sie alleine. Gegenüber Artgenossen sind sie unverträglich. Auch als dauerhaftes Pärchen sind sie nicht geeignet. Dafür sind Streifenhamster gute Kletterer. In der Heim-tierhaltung sollten ihnen somit genügend Klettermöglich-keiten angeboten werden. Bestenfalls werden sie in Gitter-käfigen gehalten. Mit der Zeit können sie auch zahm werden. Jedoch sind diese Tiere immer etwas zurückhaltend.

Hybride

Neben den reinrassigen Zwerghamstern können Campbell- und Dsungarische Zwerghamster miteinander verpaart werden. Dies machen Züchter gerne, um neue Farbschläge zu erzielen. Allerdings ist die Folge, dass männliche Nachkommen unfruchtbar sind. Zudem kann es zu großen Schädigungen kommen. Unter anderem sind Geburtenkomplikationen möglich, welche für Mutter und Jungtiere zum Tod führen können. Des Weiteren leiden Hybriden unter anderem vermehrt an Diabetes, dem Backflipping-Syndrom (Tiere kommen orientierungslos zur Welt), Übergewicht, Kleinwuchs und dem Erreichen von nur einem geringen Alter.

Zwerghamster-Anatomie

Knochenbau

Das Skelett eines Zwerghamsters ist sehr zerbrechlich. Schon bei einem Sturz aus geringer Höhe können die Gliedmaßen gebrochen sein. Sobald der Verdacht besteht, muss auf alle Fälle der Tierarzt aufgesucht werden. Alles in allem setzt sich das Skelett eines Hamsters unter anderem aus den folgenden Knochen zusammen: 1 Nasenbein, 1 Stirnbein, kräftiges Schulterblatt, Rippen, Wirbelsäule (mit 7 Halswirbeln, 5 Lendenwirbeln, 13 Brustwirbeln, 5 Kreuzbeinwirbeln sowie 10 Schwanzwirbeln) und Beckenknochen.

Zähne

Ein Hamster besitzt insgesamt 16 Zähne. Hiervon sind 4 Schneidezähne/Nagezähne und alle anderen Backenzähne. Durch den offenen Wurzelkanal wachsen die Schneidezähne ständig nach. Deshalb ist es wichtig, dass dem Nager immer genügend Nagematerial zur Verfügung gestellt wird. Ansonsten kann das Haustier bald keine Nahrung mehr aufnehmen und es müssen tierärztlich die Zähne gekürzt werden.

Backentaschen

Mit den Backentaschen können Zwerghamster bis zu 20 g Nahrung aufnehmen und hamstern. Weil sie trocken sind, kommt es dabei zu keinem Verdauungsprozess. Auch streichen sich diese Nager gekonnt zum Entleeren von hinten nach vorne über ihre Backentaschen. Die Backentaschen dienen jedoch ebenso noch zum Imponieren. Gegenüber

Artgenossen blasen sich die Tiere nämlich oftmals Luft in die Backen, um einen größeren Kopfumfang zu bekommen.

Augen und Sehvermögen

Die Augen sind hervorstehend und können einen Umkreis von 360° überblicken. Trotzdem ist das Sehvermögen hinsichtlich Formen und Farben nicht sehr ausgeprägt. Lediglich Konturen bis zu 1 Meter können scharf gesehen werden. An Farben können Zwerghamster gelbgrün bis blauviolett und eventuell UV-Licht wahrnehmen. Zudem sind sie sehr lichtempfindlich und sie können sich auch in der Dämmerung gut zurechtfinden.

Ohren und Gehörsinn

Weil Zwerghamster nicht gut sehen können, ist ihr Hörvermögen umso besser. Die kleinen Nager können Klänge wahrnehmen, welche sich im Ultraschallbereich befinden. Somit hören sie Feinde rechtzeitig und kommunizieren mit den Jungtieren im Ultraschallbereich. Außerdem können sie zum Schlafen ihre Ohren anlegen.

Nase und Geruchssinn

Ähnlich wie beim Hören ist auch der Geruchssinn gut ausgeprägt. So wittern die Tiere weit entfernte Nahrung, erkennen den Menschen und ihr Revier. Die Menschen sollten ihren tierischen Freund jedoch nicht Gerüchen aussetzen, welche für ihn unangenehm wären. Damit sind zum Beispiel Parfüms oder parfümierte Seife gemeint.

Tasthaare und Tastsinn

Mit den Schnurrhaaren, auch Vibrissen genannt, ertasten Nagetiere in der völligen Dunkelheit ihre Umgebung. Mit ihnen werden Hindernisse erkannt und herausgefunden, ob zum Beispiel eine Höhle zum Hindurchkriechen breit genug ist.

Talgdrüsen

Mit den Talgdrüsen setzt der Zwerghamster Duftmarken ab. Die Drüsen liegen an der Bauchunterseite. Über die Duftmarken werden Artgenossen identifiziert, ihre Geschlechter erkannt, Botschaften verbreitet und das Revier kenntlich gemacht.

Magen und Darm

Jeder Hamster besitzt einen Magen mit zwei Kammern. Durch eine muskelgeprägte Verengung unterteilt er sich in den Vor- und in den Hauptmagen. Nach der Nahrungsaufnahme und der ersten Zerkleinerung durch die Zähne kommt der Nahrungsbrei in den Vormagen. Dann wird er zum Haupt- bzw. Drüsenmagen weitergeleitet und mit der Hilfe von Enzymen gespalten. Nun gelangt der Nahrungsbrei in den Blind-, Dünn- sowie Dickdarm. Dabei findet im Dünndarm die Hauptverdauung statt. Schließlich unterliegt der Nahrungsbrei hier der Leber, der Gallenflüssigkeit und der Bauchspeicheldrüse. Anschließend wird die Nahrung im Dickdarm resorbiert, durch Flüssigkeitsabbau eingedickt und ausgeschieden. Das Kot-Fressen ist bei Hamstern nicht üblich. Ausnahmen sind jüngere Tiere, welche ihren Kot oder den von ihrer Mutter verspeisen. Der Grund hierfür ist, dass ein junger Hamstermagen noch nicht alle Nährstoffe aus dem Futter holen kann. Mit dem Kot-Fressen wird somit die eigene Darmflora aufgebaut. Es ist darum ein normales Verhalten.

Blase und Harnwege

Die Harnorgane eines Zwerghamsters sind: Nieren, Harnleiter, Harnröhre und Harnblase. Sie dienen dazu, die Flüssigkeit zu verwerten und zu entsorgen.

Beine, Pfoten und Krallen

Die kleinen Nager besitzen zwei kurze und sehr kräftige Vorderbeine. An ihnen befinden sich zwei Pfötchen mit jeweils vier Zehen und einem zurückgebildeten Daumen. Die Pfötchen werden wie Hände benutzt und dienen zum Klettern und Graben, zum Putzen des Gesichts, zum Halten des Futters und dazu, die Backentaschen zu füllen bzw. zu entleeren. Die Hinterbeine sind im Vergleich zu den Vorderbeinen etwas länger. Ihre Pfoten haben fünf Zehen und einen dickeren Fußballen, welcher für einen stabilen Halt sorgt. Auch dienen sie zur Fellpflege. Allerdings sind die Hinterpfoten nicht in der Lage, zu greifen.

Fell

Die genaue Farbgebung des Fells ist abhängig von der speziellen Hamster-Art. Jedoch ist das Bauchfell bei Zwerghamstern etwas heller und weich. Bei einigen ist es auch sehr dicht. Das Rückenfell kann verschiedene Längen besitzen und ist ebenso rasseabhängig gefärbt. Es dient zum Schutz vor Hitze und Kälte sowie als Tarnung in der Natur.

Schwanz

Zwerghamster besitzen kleine Stummelschwänze, welche höchstens 5 cm lang werden. Lediglich Chinesische Streifenhamster haben einen 2 bis 3 cm langen Schwanz, weshalb sie auch als Langschwänzige Zwerghamster bezeichnet werden.

Geschlechtsorgane und Geschlechtsbestimmung

Die Geschlechtsorgane bestehen bei Weibchen aus zwei Eierstöcken, einem Eileiter, einer Gebärmutter und einer Scheide. Sie sind alle 4 bis 6 Tage für 12 bis 20 Stunden befruchtungsfähig. Außerdem besitzen die weiblichen Hamster 16 rosafarbene, runde Brustwarzen zum Säugen. Männchen sind wiederum im Besitz von zwei wulstähnlich hervortretenden Hoden. Diese haben jeweils einen Samenleiter, welcher im Bereich der Vorsteherdrüse in der Harnröhre mündet. Außerdem werden die Hoden im Winter hochgezogen. Im Sommer liegen sie etwas tiefer im Hodensack.

Um das Geschlecht des jeweiligen Tiers zu erkennen, gibt es schon frühzeitig einige Unterscheidungsmerkmale. So liegen bei den Böcken die Öffnungen des Afters und Geschlechts etwas weiter auseinander als bei den Weibchen. Ebenso ist schon bald bei jungen Böcken der Hodenansatz sichtbar. Zudem ist ihr Hinterteil spitz zulaufend. Bei Weibchen ist es vielmehr rund und sie haben ein breiteres Becken. Des Weiteren kann bei den Damen der Scheideneingang als dunkler Punkt etwas sichtbar sein. Zu guter Letzt gehören Zitzen zu ihrem Körper. Diese sind bei jungen Weibchen aber nicht immer stark ausgeprägt. Generell kann das Geschlecht bei

erwachsenen Tieren besser erkannt werden als bei Jungtieren. Eine eindeutige Geschlechtsbestimmung ist jedoch
oftmals nur im direkten Vergleich möglich.

Zwerghamster-Nachwuchs

Viele Besitzer/innen möchten gerne einen Ableger von ihrem geliebten Zwerghamster haben. Von der Vermehrung sollte jedoch abgesehen werden, denn Tierhalter/innen sollten einfach nicht mit ihren tierischen Lieblingen herumexperimentieren. Schließlich muss bedacht werden, dass der Nachwuchs nur eine sehr geringe Zeit so klein und niedlich ist. Bald sind es große Zwerghamster mit allerlei Bedürfnissen. Wer diese nicht auf die Dauer erfüllen kann, muss gute Hände zum Abgeben bereithaben. Dies kann unmöglich ein Zoohaus sein. Denn von den Zoogeschäften aus landen die Tiere einfach nur beim nächsten Interessenten. Unter welchen Bedingungen er die Hamster hält, ist dabei nicht bekannt.

Tierheime wiederum sind teilweise schon mit Nagern überfüllt. Außerdem muss bedacht werden, dass es während der Schwangerschaft zu Komplikationen kommen kann. In dem Fall kann es zu hohen Tierarztkosten kommen. Vielleicht stirbt auch das Muttertier bei der Geburt und die Jungtiere müssen etwa von Hand aufgezogen werden.

Übrigens müssen die Elterntiere, wenn doch Nachwuchs gewünscht wird, kerngesund und kräftig sein. Die Mutter benötigt ein Alter von mindestens vier Monaten und ist höchstens ein Jahr alt. Bei den Eltern darf es sich nicht um Geschwister handeln und sie sollten ein gutes, verträgliches Sozialverhalten haben.

Sollte eine Trächtigkeit erwünscht sein, ist zudem zu beachten, dass der Hamsterbock spätestens nach zwei Wochen von dem Weibchen getrennt wird. Ansonsten kann es gleich nach der Geburt zu einem Nachdecken kommen.

Die Paarung

Zur Paarung kommen zwei geschlechtsreife Zwerghamster in ein neutrales Gehege. Wenn sich die beiden vertragen, wird bald die Paarung erfolgen. Fauchen sie sich an oder beginnen sie gegeneinander zu kämpfen, müssen sie getrennt werden. Weitere Paarungsversuche mit ihnen zu starten, ist unratsam. Erfolgt jedoch die Paarung, ist der Nachwuchs unterwegs.

Nun sollte beim Chinesischen Streifenhamster sowie beim Dsungarischen und Campbell-Zwerghamster der Bock von dem Weibchen getrennt werden. Ansonsten decken sie nur wenige Stunden nach der Geburt gleich wieder nach und das Weibchen wäre mit der Jungenaufzucht und der Dauerschwangerschaft überfordert, was seine Lebenserwartung verringert. Generell sollten zwischen den einzelnen Würfen mindestens zwei und höchstens vier Monate (damit sich das Becken nicht zu sehr verengt) liegen. Bei Campbell-Zwerghamstern kann das Pärchen auch weiterhin zusammenleben, wenn es sich harmonisch verhält und der Bock kastriert wird.

Außerdem sollte nach vier Würfen bzw. mit einem Jahr für das Weibchen Schluss sein mit der Zucht.

Geburt

Ein erfolgreicher Deckakt ist schon bald an einen vermehrten Bauchumfang erkenntlich. Außerdem hamstert das Weibchen nun mehr, frisst mehr und benötigt vermehrt Eiweiß und Mineralstoffe. Darum sollte es eine abwechslungsreiche Kost aus etwas Trockenfutter, viel Grünfutter, Ölsaaten sowie zusätzliches Eiweißfutter, zum Beispiel Magerquark, bekommen. Ebenso baut es ein großzügiges Wurfnest. Im Idealfall wird ihm vom Besitzer/von der Besitzerin ein Wurfhaus mit abnehmbarem Dach angeboten. So kann vom Menschen leicht eine Nestkontrolle durchgeführt werden. Als Nistmaterial eignen sich Heu, Stroh, Papier ohne scharfe Kanten, unparfümiertes Toilettenpapier, unparfümierte Papiertaschentücher, frische oder getrocknete Blätter und Kräuter sowie Flachs- und Hanfmatten. Nicht verwendet oder angeboten werden sollten Stoffreste, Kapok-Schoten und Watte wie Hamsterwatte.

Kurz vor der Geburt werden andere Familienmitglieder dann aus dem Nest entfernt. Nach 17 bis 23 Tagen – abhängig von der Rasse – können 3 bis 12 Jungtiere geworfen werden. Dies geschieht im Sitzen und die Welpen werden einzeln von ihrer Mutter in Empfang genommen. Nach dem Abnabeln befreit das Weibchen jedes der Kleinen von der Eihaut und leckt es trocken. Somit wird der Nachwuchs gesäubert, die Blutzirkulation angeregt, die Mutter nimmt den Geruch des Jungtieres auf und es kommt zu einer Bindung.

Die Eihaut sowie die Nachgeburt werden von dem Muttertier verspeist. Das Gleiche gilt für Totgeburten. Sie erkennt
die Zwerghamster-Mutter daran, dass sie beim Abnabeln
keinen kurzen Schrei ausstoßen.

Nach der Geburt

Während der Aufzuchtszeit ist eine Hamsterin ziemlich aggressiv gegenüber ihren Menschen oder Artgenossen. Sie
darf nun nicht gestört werden. Das Gehege wird erst wieder
richtig gereinigt, wenn die Kleinen beginnen, das Nest zu
verlassen. Kommt es dennoch zu Störungen, ist es möglich,
dass das Weibchen zu beißen beginnt oder seine Jungtiere
auffrisst.

Letzteres geschieht auch bei einem zu großen Wurf, Man-
gelerscheinungen und Unerfahrenheit bzw. Schwäche des
Muttertiers.

Entwicklung der Jungtiere

Zwerghamster werden komplett nackt, rosa und mit nur schwach erkennbaren Ohren geboren. Sie wiegen 1 bis 2 g. Gleich nach der Geburt werden sie von dem Muttertier gesäugt. Diese leckt ebenso den Bauch sowie die Afterregion kräftig ab.

Am nächsten Tag setzt die Pigmentierung ein, indem auf der Haut leichte Flecken zu erkennen sind.

Ab Tag 4 stößt allmählich die erste Behaarung aus der Haut heraus. Auch sind die Vibrissen eindeutig zu erkennen. Zudem löst sich langsam die Ohrmuschel von der Kopfseite ab. Die Jungtiere haben nun auch schon ein Gewicht von 3 g und rufen lauter nach ihrer Mutter.

Ab dem 5. Tag steht die Ohrmuschel frei vom Kopf ab. Es entwickeln sich die Lider. Je nach Art ist außerdem ein Rückenstrich zu sehen.

Noch 3 Tage später bekommen die Kleinen ihre Finger und ihre Zehen. Ihre Ohren sind noch geschlossen, aber ausgebildet. Ähnliches gilt für die Augen. Des Weiteren gibt die Mutter ihnen nun schon feste Nahrung im Nest.

Ab dem 10. Lebenstag wiegen sie durchschnittlich 6 g, beginnen langsam die Augen zu öffnen und der Fellwuchs ist gut vorangeschritten. Des Weiteren starten die Jungtiere, sich eigenständig zu putzen und sie setzen von alleine Harn und Kot ab. Außerdem laufen sie nun im Nest und in der Nestumgebung herum. Dies bedeutet, Sicherheitsmaßnahmen zu treffen wie: Laufrad der Mutter hoch einstellen, Spalten verschließen, Gitter mit Pappe sichern und Wasser-

und Futternäpfe durch flache Schalen ersetzen oder so hochstellen, dass die Kleinen nicht daran kommen.

Nach insgesamt 14 Tagen sind alle Augen und Ohren offen, die Tiere putzen sich alleine, füllen und entleeren ihre Backentaschen und untersuchen das Gehege. Ab jetzt wird noch das Fell dichter, sie werden größer und sicherer im Umgang mit ihren Gliedmaßen.

Ab dem 21. Lebenstag stellt die Mutter das Säugen komplett ein. Der Nachwuchs lernt nun von ihr noch einiges und darf zum ersten Mal auf das Laufrad.

Nach 29 Lebenstagen sollten die Zwerghamster nach Geschlechtern getrennt werden.

Denn mit 30 Lebenstagen werden sie geschlechtsreif. Bis zur 6. Lebenswoche benötigen sie jedoch den Kontakt zu anderen erwachsenen Tieren, um von ihnen zu lernen. Idealerweise werden sie erst ab der 8. Lebenswoche in ihr neues Zuhause gegeben. Mit 15 Wochen sind sie ausgewachsen.

Zwerghamster-Verhalten

Zwerghamster kommunizieren mit **Laut- und Körpersprache**. Durch Fiepen machen sich die Baby-Hamster bemerkbar. Dies deutet auf Hunger hin oder darauf, dass sich eines von den Kleinen zu weit vom Nest entfernt hat und Hilfe braucht. Diese Töne sind also an die Mutter gerichtet. Von Menschen können sie kaum wahrgenommen werden. Für die Tiere sind sie jedoch überlebenswichtig. Gelegentlich Fiepen selbst erwachsene Zwerghamster. Dann haben sie Angst und verspüren Unsicherheit oder wollen einen Rangkampf anfechten. Bei älteren Tieren liegt möglicherweise eine Atemwegserkrankung vor, welche tierärztlich behandelt werden muss. Paarungsbereitschaft macht sich hingegen vielmehr durch ein Brummen, Schnurren oder Knurren bemerkbar.

Zu den Lauten kommt noch die Körpersprache hinzu, welche nicht alle dieser Nager zeigen. Bekannt sind allerdings die folgenden Verhaltensweisen.

Der Zwerghamster:

- schleicht eng am Boden entlang und schnüffelt aufgeregt:
  Dies bedeutet er hat Angst, wenn er zum Beispiel eine neue Umgebung erkundet.

- richtet die Ohren auf und steht auf den Hinterbeinen:
  Etwas hat seine Aufmerksamkeit erregt und er versucht ein Geräusch ausfindig zu machen. Außerdem
  ist es ein Zeichen, dass er sich Auslauf wünscht.

- putzt sich gründlich und achtet dabei nicht auf die
  Menschen:
  Putzen ist in dem Fall ein Zeichen von Unsicherheit.

- läuft langsam eng am Boden und hat struppiges Fell
  sowie zusammengefaltete Ohren:
  Sollte das Tier gerade aufgestanden sein, ist dies
  normal. Es sollte nun bestenfalls nicht gestört werden. Sieht es nach dem Putzen noch immer so aus,
  deutet es auf eine Krankheit hin. Ein Tierarztbesuch
  bringt dann Klarheit.

- zuckt zusammen, streckt sich und bläst seine
  Backentaschen auf:
  Dies ist ein Zeichen von Verärgerung und einem an-
  gegriffenen Gefühl. Eventuell erfolgt sogar ein Beißen.

- springt in die Höhe:
  Hierbei handelt es sich um ein Strecken bzw. um ein
  Austoben aus lauter Übermut und Lebensfreude.

- streckt sich und reißt das Mäulchen dabei weit auf:
  Es bedeutet Entspannung oder Müdigkeit.

- reißt das Mäulchen weit auf und streckt sich dabei
  nicht:
  Das ist ein Angriffszeichen.

- durchwühlt die Einstreu, nimmt ein Sandbad und
  putzt sich danach:
  Der Hamster fühlt sich sehr wohl oder muss Stress
  abbauen.

- buddelt in der Einstreu:
  Buddeln und Scharren im Boden sind natürliche Verhaltensweisen, welchen die Hamster auch in der
  Heimtierhaltung noch nachgehen. Damit sie ihr Bedürfnis ausleben können, sollte ihnen hierzu immer
  die Möglichkeit gegeben werden.

- läuft lange im Rad:
  Möglicherweise ist dies ein Zeichen von Stress.

- knabbert am Gitter:
  Hamster, welche am Gitter knabbern, haben Lange-
  weile und leben häufig in zu kleinen Käfigen. Es ist
  ratsam, einen größeren Käfig mit vielen Buddel- und
  Spielmöglichkeiten anzuschaffen. Außerdem fehlen
  vielleicht Laufräder. Laufräder können den Auslauf
  nicht ersetzen, wirken jedoch dem Bewegungsdrang
  entgegen. Des Weiteren ist es vielleicht eine Sucht-
  handlung, welche nur durch Ablenkung in den Griff
  bekommen werden kann. Des Weiteren kann Stress

die Ursache sein oder einfach der Wunsch, nach draußen zu kommen.

- sammelt Futter in seinem Haus:
Das ist ein natürliches Verhalten, da Zwerghamster in der freien Natur den ganzen Sommer nutzen, um Vorräte für den Winter zu sammeln.

- beschmutzt sein Häuschen mit Ausscheidungen:
Normalerweise besteht die Behausung von Hamstern aus Schlafhöhle(n), Vorratskammer(n) sowie Toilette(n). Haben sie jedoch nur einen kleinen Unterschlupf oder ist die Toiletten nicht mit Sand gefüllt, beschmutzen die Tiere auch ihr Häuschen. Mit einer überdachten Zwerghamstertoilette am Haus, die mit Sand oder einer Sanddecke ausgestattet ist, kann dem entgegengewirkt werden. Auf alle Fälle sollten die Nager zu Sauberkeit erzogen werden. Sonst verlassen sie später aus Faulheit nicht mehr ihr Häuschen, wenn sie sich entleeren müssen. Ebenso darf die Toilettenecke nicht zu sehr vom Besitzer/von der Besitzerin gesäubert werden, damit sie klar erkennbar ist. Weitere Gründe sind möglicherweise Nervosität (Tier traut sich nicht nach draußen) oder eine zu frühe Trennung vom Muttertier, welches Sauberkeit lehrt.

- weicht vor der menschlichen Hand zurück:
  Hierbei machen sich Angst und Unsicherheit bemerkbar. Nun heißt es, die Hand nicht bewegen und warten, bis der Nager von alleine ankommt.

- wird beim Streicheln unruhig oder beginnt zu
  zwicken:
  Er braucht vom Streicheln eine Ruhepause.

- beißt seinen Menschen:
  Die Gründe können sein, dass der Nager nicht beim
  Spielen, Fressen, Schlafen und so weiter gestört werden will. Vielleicht ist das Tier auch in der Pubertät,
  schwanger oder krank. Aggressionen entstehen zudem, wenn der Zwerghamster den Geruch von anderen Nagetieren aufnimmt. Das Gleiche gilt, wenn die
  Menschen plötzlich einen unbekannten Geruch haben – zum Beispiel durch eine andere Seife – oder ihre Hand direkt vor das Nest/den Schlafplatz legen.
  Ähnlich aggressiv, ängstlich und stressig ist es bei
  Zwerghamstern, welche zusammenleben müssen und
  sich nicht vertragen.

Gruppenhaltung

Zwerghamster können nur bedingt in einer Gruppe leben, auch wenn Zoofachgeschäfte, Züchter und viele Ratgeber das Gegenteil behaupten. In der Natur leben sie nur zur Paarung zusammen. Dann geht jeder wieder seinen Weg. In der Gefangenschaft ist Letzteres nicht so einfach möglich. Darum kann es (insbesondere bei gleichgeschlechtlichen Tieren) früher oder später zu schweren Rangkämpfen um das eigene Revier kommen. Diese Ausschreitungen sind mit starken Verletzungen und sogar dem Tiertod verbunden. Lediglich Campbell-Zwerghamster, welche als friedlicher gelten, können als Paar oder in der Gruppe etwas länger zusammengehalten werden. Vorrausetzung ist, dass das Gehege groß genug ist und kein Tier krank wird. Sobald es einen angeschlagenen Artgenossen gibt, erfolgen selbst hier die Revierkämpfe. Wenn die ersten Anzeichen hierfür vorhanden sind, müssen die Nager voneinander getrennt werden. Ebenso muss bedacht werden, dass ein gegengeschlechtliches Pärchen viel Nachwuchs bekommt. Eine ständige Jungtieraufzucht bedeutet für die Weibchen Stress und hat lebensverkürzende Auswirkungen. Des Weiteren müssen die Jungtiere immer wieder irgendwo unterkommen. In diesem Fall wäre es wohl besser, die Elterntiere wieder zu trennen. Haben sie jedoch lange Zeit zusammengelebt, leiden die Tiere unter der Trennung. Bei einigen Arten steht nun noch die Kastration zur Verfügung. Allerdings kastriert nicht jede(r) Tierarzt/Tierärztin Zwerghams-ter. Auch nimmt nicht jedes Weibchen einen Kastraten als Partner an. Wer solches Hin und Her vermeiden möchte, sollte sich darum von Anfang an nur ein einzelnes Tier zulegen. Denn auch in der freien Wildbahn leben Zwerg-hamster zeitweise ein Einzelgängerleben. Sie kommen auch ohne Artgenossen aus, wenn ihr Gehege abwechslungsreich gestaltet wird. Natürlich fehlt dann der Kontakt zu den anderen. So oder so kann aber eine Heimtierhaltung für Zwerghamster niemals wirklich tiergerecht vollzogen werden.

Zwerghamster und Mäuse, Goldhamster, Ratten und Degus

Sie dürfen nicht zusammengehalten werden, weil sie sich jagen und zu Tode beißen würden. Ratten sollten noch nicht einmal im gleichen Zimmer leben, denn sie sind ein natürlicher Feind der Zwerghamster, was diese sehr beängstigt.

Zwerghamster und Hunde

Nur wenn der Hund den Hamster nicht jagt, anbellt oder anderweitig erschreckt, darf er mit in das Zimmer, wo der Hamsterkäfig steht. Dabei sollte er keinen direkten Kontakt zu dem Nagetier haben. Auch darf der Hund beim Auslauf nicht dabei sein. Sonst könnte dem Hamster Schaden zugefügt werden.

Zwerghamster und Katzen

Eine Katze darf zu dem Raum mit dem kleinen Nager nur Zutritt haben, wenn sie an dem Zwerghamster kein Interesse hat. Ansonsten will sie mit ihm vielleicht einfach nur spielen und versetzt ihn damit in massive Panik.

Zwerghamster und Kaninchen, Meerschweinchen, Streifenhörnchen, Chinchillas und mehr

Hier wird sich nur in Ausnahmefällen vertragen. Bei ausreichendem Platz können sie aber im gleichen Raum zusammenleben. Bei einem Zusammentreffen dürfen sie niemals unbeobachtet sein. Sonst kann der Zwerghamster gefährlich verletzt werden.

Zwerghamster und Reptilien

Zwerghamster und Reptilien werden sich gegenseitig gefährlich. So nehmen kleine Reptilien unter den Hamstern Schaden. Bei größeren wie Schlangen ist es genau umgekehrt. Schließlich fressen größere Schlangen unter anderem Zwerghamster. Selbst wenn sie lediglich im gleichen Raum leben müssten, würde es daher für die Nager viel Stress bedeuten. Werden die Zwerghamster extra als Futtertiere gezüchtet, sollte ihnen bis zum Verfüttern trotzdem der Stress erspart werden.

Zwerghamster und andere Zwerghamsterarten

Der Versuch, verschiedene Zwerghamsterarten miteinander zu vergesellschaften, sollte lieber gelassen werden. Denn jede Art bleibt bestenfalls unter sich bzw. alleine. Ansonsten kann es zu schweren, tödlich endenden Kämpfen kommen.

Zwerghamster-Anschaffung

Zwerghamster sind selbstverständlich kein Kinderspielzeug. Sie eignen sich absolut nicht für Kinder. Denn sie sind immer in Bewegung, haben einen zarten Körperbau und sind sehr klein und quirlig. Damit können sie schnell von Kinderhänden zerquetscht werden. Erst ältere Kinder ab 12 Jahren sollten sich um sie kümmern dürfen. Dabei ist es jedoch angebracht, die Tiere niemals im Kinderzimmer unterzubringen. Schließlich sind Zwerghamster nachtaktiv und machen zu dieser Zeit eine Menge Lärm. Am Tag brauchen sie dafür viel Ruhe an einem zugfreien Platz. Ebenso muss geklärt werden, ob die nächsten 1,5 bis 3 Jahre jemand an den Hamstern Interesse hat und sich um sie kümmert, denn so alt können sie werden. Außerdem bedeutet Interesse zu haben, sich täglich mit ihnen zu beschäftigen. Nur so können sie zahm werden. Einige Arten sind jedoch selbst dann nur zum Beobachten geschaffen und verlieren einfach nicht ihre Scheu. Des Weiteren müssen die Nager auch zur Urlaubszeit versorgt werden und alle Familienmitglieder mit ihnen einverstanden sein. Ebenso darf keine Allergie vorliegen. Andere Haustiere wie Katzen und Hunde dürfen den Kleinen nicht gefährlich werden. Zu guter Letzt muss dauerhaft die Bereitschaft vorhanden sein, immer den Käfig sauber zu halten und dem Zwerghamster täglich frisches Futter sowie Wasser anzubieten.

Anschaffungs- und Pflegekosten

Die Anschaffungskosten setzen sich aus unterschiedlichen Faktoren zusammen. Diese sind:

- 1 Zwerghamster: 5 € bis 10 € oder weniger

- 1 Zwerghamster-Ratgeber: ab ca. 10 €

- 1 Käfig (mindestens in den Mindestmaßen): ab ca. 70 €

- Futternäpfe, Nagertränke bzw. Wassernapf: ab ca. 4 €

- Schlafhäuschen/Wohnlabyrinth: ca. 5 € bis 20 €

- Käfigeinrichtung: ab ca. 10 €

- ein tiergerechtes Laufrad: ab ca. 15 €

Hinzu kommen regelmäßige Kosten pro Monat für:

- Futter: ca. 5 €

- Einstreu: ca. 4 €

Auch unregelmäßige Kosten für den Tierarzt können anstehen. Hierfür sollte ein Geldpolster von etwa 100 € parat liegen.

Wo bekommt man die Tiere und was muss man beim Kauf beachten?

Häufig warten liebe Tiere im Tierheim auf ein neues Zuhause. Darum sollte hier als Erstes nachgefragt werden. Außerdem gibt es im Internet Hamstervermittlungsstellen. Ebenso geben seriöse Züchter gerne Zwerghamster ab. Das Gleiche gilt für den Zoofachhandel. Insbesondere beim Fachhandel, aber auch bei den Züchtern, ist darauf achtzugeben, dass die Hamster nach Geschlechtern getrennt leben, sauber und gesund sind, viel Platz zur Verfügung haben sowie mit Wasser und Heu versorgt sind und Versteckmöglichkeiten im Käfig haben. Leider gibt es kaum einen Zoofachhandel, der alle diese Kriterien erfüllt. In den meisten Fällen werden die kleinen Nager einfach zu früh von ihren Eltern getrennt, sind schlecht sozialisiert und krank. Außerdem gleicht die Beratung oft mehr einem Verkaufsgespräch anstatt einer Aufklärung über die Tiere. Die Aufklärung ist jedoch wichtig. Ein seriöser Verkäufer beziehungsweise ein wirklicher Tierfreund würde die Hamster nicht weggeben, ohne sie in guten Händen zu wissen. Auch sollte beim Kauf das Futter mitgegeben werden oder mitgekauft werden, das der Zwerghamster bisher gefressen hatte. Zudem sollte der Verkäufer danach gefragt werden, welches Frischfutter der Hamster bisher vertragen hat. Möchte der/die neue Besizer(in) das Trockenfutter umstellen, so sollte dies einen Zeitraum von 3 Wochen in Anspruch nehmen. In dieser Zeit werden 50 % von dem gewohnten Futter mit 50 % von dem neuen Futter ver-mischt.

Heimtransport und Eingewöhnung

Für den Heimtransport (und auch für alle anderen Transporte) wird eine Transportbox aus Kunststoff benötigt. Sie sollte eine Mindestgröße von 20 x 20 x 10 cm besitzen. Nur so kann der Zwerghamster bequem zusammen mit Haus beziehungsweise Nest dort hineinpassen. Außerdem sollte die Box gut belüftet sein und eine große Öffnung besitzen. Ferner ist Dunkelheit wichtig. Hierfür ist ein über das Transportbehältnis gelegtes Tuch ausreichend, wobei darauf zu achten ist, dass dieses Abdecktuch nicht die Lüftungsschlitze verdeckt. Ebenso sollte die Box auf gar keinen Fall durchsichtig sein, denn das würde Stress für die Tiere bedeuten. Damit dieser Stress generell verringert wird, sollte bei jedem Transport ein Teil vom Hamsternest mitgenommen werden. So ist der Zwerghamster von seinen gewohnten Gerüchen umgeben. Schließlich ist es ratsam, in der Box Futter und wasserreiches Frischfutter, wie Gurke, zu verteilen. Der Transport selber sollte dann immer ohne Umwege geschehen. Das Tier darf nicht alleine im Auto zurückgelassen werden, denn besonders im Sommer kann es schnell zu einem Hitzschlag kommen. Im Winter dagegen besteht die Gefahr, dass der Nager erfriert.

Zu Hause angekommen sollte der Käfig schon fertig eingerichtet warten. Am ersten Tag sollte der neue Hausbewohner dann erst einmal in Ruhe gelassen werden. Manche Tiere sind in der ersten Zeit ziemlich aktiv, während sich andere Hamster zurückziehen oder viel schlafen. Jedes Tier geht mit dem Umzugsstress verschieden um. Nach einigen

Tagen sollte dieser jedoch abgebaut sein. Deshalb ist es sinnvoll, dass sich die neuen Besitzer frühestens am zweiten Tag mit dem tierischen Freund unterhalten. Die Unterhaltung ist wichtig, damit der Zwerghamster die Stimmen kennenlernt. Außerdem sollte die tägliche Fütterung sowie Toilettenreinigung in Ruhe stattfinden. Greift der Zwerghamster an, muss sich der Besitzer/die Besitzerin vorsichtig zurückziehen. Auch wenn der Nager Angst hat, sollte es dafür Verständnis geben. Hier gilt es, nicht nach ihm zu greifen. Ferner sind laute Geräusche zu vermeiden. Nach einer Woche kann dann damit begonnen werden, das Haustier anzulocken. Dazu darf er aber nicht erst geweckt werden oder gerade aufgestanden sein. Ebenso ist es wichtig, immer die gleiche Seife und kein Parfüm zu benutzen, damit der Zwerghamster den bekannten menschlichen Körpergeruch wiedererkennt. Idealerweise geschieht das Anlocken mit Leckereien, wie zum Beispiel einem Stück Nuss, etwas Trockenfutter oder Mehlwürmern. Das Futter wird in die Hand gelegt, die vorsichtig in das Gehege gestreckt wird. Die Hand darf sich nicht unmittelbar vor dem Nest, dem Eingang zum Nagerhaus oder vor einem anderen Fluchtort befinden. Dieses Fehlverhalten kann den Hamster in Panik versetzen, so dass er deshalb möglicherweise zubeißt. Nach einiger Zeit wird der kleine Nager die Hand erkunden wollen. Dies kann schon bald geschehen oder aber einige Stunden, Tage und Wochen dauern. Darum gilt es, nie schnell aufzugeben, sondern es immer wieder zu versuchen. Irgendwann schleichen sich die Zwerghamster an und beschnuppern die Fingerspitzen. Einige beißen vielleicht auch hinein, was etwas zwicken kann. In diesem Fall muss der kleine Nager aber dann vorsichtig mit den Fingern weggeschubst werden. So erkennt der Zwerghamster, dass er mit dem Beißen eine Grenze überschritten hat. Ist der Biss etwas kräftiger, sollte die Hand weggenommen werden. Das ist dann nämlich ein Zeichen, dass sie unerwünscht ist oder an der falschen Stelle lag. Auf keinen Fall darf der Hausbewohner zu etwas gezwungen werden.

Den Zwerghamster hochnehmen

Wenn ein Zwerghamster so zutraulich ist, dass er freiwillig auf die Hand kommt und dort sitzen bleibt, kann man ihn auch mit der Hand anschließend hochnehmen. Das muss natürlich behutsam geschehen. Idealerweise wird das Tier mit beiden Händen komplett umfasst. Kommt es dabei zu Bissen, darf es auf gar keinen Fall fallen gelassen werden. Besser ist es, den Kleinen sofort wieder abzusetzen. Ist von vornherein klar, dass das Tier nicht zahm genug ist oder besteht darüber Unsicherheit, kann es auch über eine alte Dose, Tasse beziehungsweise Pappschachtel hochgenommen werden. Zum Transportieren ist jedoch eine Transportbox geeigneter, selbst wenn es nur in ein anderes Zimmer geht, denn sie ist einfach für beide Seiten sicherer. Zu beachten ist ferner, dass zum Hochnehmen niemals der Nackengriff angewendet werden darf. Für einen Griff in den Nacken ist die Hand meist zu grob und zu groß. Dazu kommt, dass erwachsene Hamster zu groß und zu schwer für einen Nackengriff sind, denn er würde dem Tier Schmerzen zufügen. Darüber hinaus besteht Verletzungsgefahr, weil die Backentaschen durch den Griff in den Nacken stark zusammengepresst werden. In den Nacken werden Zwerghamster in der freien Wildbahn nur von Fressfeinden, also Greifvögeln, Füchsen und zum Beispiel Mardern gepackt. Ein Nackengriff wäre deshalb für die kleinen Tiere mit großer Angst verbunden.

Pflege und Gehege des Zwerghamsters

Zwerghamster haben viel Freude an Bewegung. Die flinken Gesellen sind schnell, neugierig aber kein Kinderspielzeug.

Gehegegröße

Damit Zwerghamster sich so richtig austoben können, benötigen sie eine Gehege-Grundfläche von mindestens 1 m². Ist das Gehege größer, können Häuser, Höhlen, Etagen sowie hohe Einstreu angeboten werden. Auch ist es möglich, die Bodenfläche auf mehreren Etagen anzulegen. Hierbei darf die Grundfläche aber nicht kleiner als 0,5 m² sein. Die Etagen selbst müssen mindestens eine Grundfläche von 0,3 m² haben, um als Etagenfläche gelten zu können. Von einigen Tierschutzvereinen werden die folgenden Maße für das Gehege empfohlen: Höhe 50 cm, Breite 50 cm und Länge 100 cm. Dies entspricht der oben genannten Grundfläche von 0,5 m² mit einer Käfigabgrenzung von 50 cm Höhe. Leider gibt es auch Empfehlungen für kleinere Gehege und auch im Tierfachhandel werden meist viel zu kleine Käfige angeboten. Zwerghamster können sich aber in einem so engen Raum gar nicht richtig ausleben. Außerdem ist ein großes Gehege immer ein Blickfang. Gebrauchte Gehege passender Größe werden teilweise schon für weniger als 100 € zum Kauf angeboten.

Gehegevarianten

Bezüglich der Gehegevarianten für Hamster denken viele zuerst an den herkömmlichen Gitterkäfig. Hier können die Tiere leicht herausgenommen werden. Es ist einfach, eine Trinkflasche im Käfig zu befestigen. Außerdem ist das Gehege von allen Seiten gut belüftet. Der Nachteil des Gitterkäfigs ist, dass Einstreu schnell hinausfällt, was die Umgebung beschmutzen kann. Auch können wackelnde Gitterstäbe störende Geräusche verursachen. Durch zu große Gitter können die kleinen Hamster ausbrechen oder gerade noch in einer Gittermasche stecken bleiben. In einem großen Gitterkäfig sollten tunlichst Etagen eingezogen werden, damit die Nager nicht an den Gittern hochklettern und dann möglicherweise hinunterstürzen.

Eine andere Gehegevariante sind Glasbecken beziehungsweise Aquarien. Dort kann die Einstreu nicht nach außen fallen. Die Tiere können keine störenden Gittergeräusche verursachen, außerdem kostet ein Aquarium nur wenig. Auf der anderen Seite sind Aquarien schwer, meist großvolumig und damit unhandlich. Es ist auch schwieriger, dort Etagen einzubauen. Auch kann das zum Abdichten von Scheiben verwendete Silikon angenagt werden, sodass dann die Behausung instabil wird. Kennzeichnend für Glasbehälter und Aquarien ist ferner ein schlechter Luft- und Wärmeaustausch. Gitterdeckel müssen in Eigenregie hergestellt werden. Den Zwerghamstern fehlen in normalgroßen Aquarien oft ausreichende Klettermöglichkeiten und Tiere können nur von oben herausgenommen werden. Dies ist dann für die kleinen Nager mit einem ziemlichen Schrecken verbunden.

Auch Plastikgehege sind möglich. Sie sind leicht, schnell zu reinigen und können mit viel Einstreu gefüllt werden. Der Nachteil ist allerdings ihre geringe Größe sowie ihr oft unzureichender Luft- und Wärmeaustausch. Ebenso kann das Plastik angenagt und somit ein "Loch in die Freiheit" von den Tieren eingearbeitet werden.

Des Weiteren ist es möglich, die Nager in Terrarien zu halten. Hier gibt es keine Gitterstäbe und die Einstreu bleibt in der Behausung. Dafür sind Ausführungen in der passenden Größe wegen ihres Gewichtes eher unhandlich. Die Etagen können nicht einfach hineingeklebt werden. Das im Terrarium enthaltene Aquariumsilikon wird eventuell angenagt, womit die Behausung instabil wird. Außerdem ist oftmals der Luft- und Wärmeaustausch nur unzureichend. Ferner sind die Türen zu tief angebracht. Es ist deshalb schwierig, Einstreu einzubringen und oft fällt die Streu in die Führungsschienen der Schiebetüren, sodass diese danach nur schwer bewegt werden können. Danach müssen die Schienen mit einer Zahnbürste zeitraubend gereinigt werden.

Zu guter Letzt gibt es auch noch Holzkäfige. Je nach Ausführung besitzen sie Bereiche für hohe Einstreu und Türen für eine leichte Handhabung mit den Tieren. Sind die Holzkäfige Eigenbauten, können sie entsprechend groß ausfallen und gut in die Wohnung integriert werden. Der Nachteil ist, dass Holzkäfige meist teuer sind. Um sie selber zu bauen, ist handwerkliches Geschick gefragt. Auch können sich besonders nagefreudige Tiere leicht nach draußen nagen. Die Nageansatzpunkte müssen darum immer wieder gut gesichert werden.

Gehegestrukturen

Neben der Größe muss das Gehege auch auf die speziellen Eigenarten von Zwerghamstern abgestimmt sein, denn die verschiedenen Zwerghamsterarten haben zum Teil ganz unterschiedliche Bedürfnisse. Dsungarische Zwerghamster benötigen einen hohen Buddelbereich und einige Tiere bevorzugen fertige Labyrinthe oder Gangsysteme.
Roborowsky-Zwerghamster wohnen gerne in Labyrinthen. Ebenso benötigen sie Einstreu aus Sand und einen gestreuten Laufbereich. Auch kommen Sandetagen sehr gut an.
Champbell-Zwerghamster wiederum graben häufig nur eine Nistkammer. Viel mehr wünschen sie sich geeignete Häuschen. Dagegen ist der Chinesische Zwerghamster ein guter Kletterer. Er wünscht sich zudem keine hohe Einstreu, weil er nicht viel buddelt. Besser sind für ihn höhere Gehege, die absturzsichere Klettermöglichkeiten beinhalten sowie viele Wurzeln.
Außerdem gehört zur perfekten Gehegestruktur, die Einrichtung für die kleinen Nager richtig zu platzieren. Im unteren Teil des Geheges sollte deshalb der Schlaf- und Buddelbereich liegen. Gleich darüber wird im Idealfall eine Etage platziert, die den Schlafbereich abdunkelt. Beim Einziehen von Etagen muss immer auf eine gute Belüftung geachtet

werden. Die erste Etage soll etwa 30 cm hoch angebracht werden. Darunter wird hohe Einstreu beziehungsweise ein Gangsystem platziert. Auf den verschiedenen Etagen sollten Sandbäder, ein Laufrad, unterschiedliche Halbröhren und weitere zur Einrichtung gehörende Gegenstände für die Tiere angeboten werden. Auch besteht natürlich die Möglichkeit, auf den Etagen Futter zu streuen. Die Futterreste müssen jedoch bald wieder entfernt werden.

Gitter und Deckel am Gehege

Jedes Gehege benötigt einen Gitterdeckel. Auch wer denkt, sein Zwerghamster klettert oder springt nicht hinaus, sollte das Gehege absichern. Einige Tiere finden nämlich erst nach Jahren den Weg nach draußen. Auch sollte der Gitterabstand bei Gitterdeckeln sowie Gitterkäfigen zwischen 0,6 bis 0,8 mm betragen. Bei ausgewachsenen Dsungaren, Chinesen und Campbells sind auch 1 cm Gitterabstand möglich. Bei noch größeren Abständen könnten sich die Nager hindurchquetschen. Damit dies nicht geschieht, müssen auch Ecken und Türen auf den erforderlich geringen Abstand kontrolliert werden. Oftmals ist hier der Abstand nämlich grö-ßer. Volierendraht allerdings darf einen Gitterabstand von 1,2 cm haben, denn hier ist es, im Gegensatz zu den Gitterstäben, nicht möglich, dass die Maschen von den Zwerg-hamstern aufgebogen werden. So kommen, mit Ausnahme von Jungtieren als auch Roborowsky-Zwerghamstern, die Tiere nicht durch.

Gehegereinigung

Wer Haustiere hat, muss sich täglich um sie kümmern. Beim Zwerghamster bedeutet das, dass jeden Tag die Wasserflasche beziehungsweise die Wasserschale gereinigt und mit neuem Wasser versehen wird. Eine besonders gründliche Reinigung sollte spätestens alle drei Tage erfolgen. Eventuelle Kalkablagerungen werden mit Essig oder Spülmittel entfernt. Anschließend ist gründliches Ausspülen mit klarem Wasser notwendig. Auch die Frischfutterschale muss natürlich täglich gesäubert und einmal pro Woche auch die Zwerghamster-Toilette gereinigt werden. Weil Hamster meist vom Muttertier stubenrein erzogen werden, urinieren sie meist nur in eine Ecke. Sollte aber einmal ein Tier überall im Käfig Urin verteilen, sind die verschmutzen Bereiche der Einstreu einmal pro Woche zu erneuern. Alle zwei bis vier Wochen sind die Köttel, die überall und sogar im Futter verteilt werden, zu entfernen. Ähnliches trifft für das gereichte Futter zu. Das gebunkerte Frischfutter wird jedoch lediglich durch die gleiche Menge an Trockenfutter ersetzt, damit die Schimmelbildung unterbunden wird. Es kann auch von vornherein nur so viel Frischware angeboten werden, dass sie nur bis zum nächsten Tag reicht.

Ab und an ist natürlich eine komplette Käfigreinigung beziehungsweise eine Reinigung des Geheges durchzuführen. Für die Zwerghamster ist dies immer sehr stressig, denn bei der Reinigung gehen alle Duftspuren verloren, was die Neuorientierung nach erfolgter Reinigung stark beeinträchtigt. So erhöht sich dann beispielsweise die Herzfrequenz und es dauert bis zu 4 Stunden, bis sich die Tiere wieder beruhigt haben. Damit die Einstreu im Laufe der Zeit jedoch keine Staubmilben, Kornkäfer, Grabmilben, Raubmilben und andere Tierchen enthält, sollte sie zweimal pro Jahr komplett erneuert werden. Selbst wenn die Einstreu zu den jeweiligen Reinigungsterminen noch sauber erscheint, kann sie dennoch mit diversen, mit dem bloßen Auge kaum wahrnehmbaren, Parasiten oder Schimmelsporen befallen sein. Zur Reinigung bekommt der kleine Nager Auslauf oder wartet mit seinem Nestmaterial in einer Transportbox. Daran anschließend werden die Einrichtungsgegenstände aus dem Gehege entfernt. Hierbei gilt es, sich genau zu merken, wo welcher Einrichtungsgegenstand stand beziehungsweise wo Nester und Vorratskammern lagen. Die alte Einstreu wird zusammen mit den Futterresten entsorgt. Die Bodenschale, Gitter und Wände sowie die diversen Einrichtungselemente werden nun mit heißem Wasser gereinigt. Auch unparfümiertes Seifenwasser kann als Reinigungsmittel verwendet werden. Bei hartnäckigen Urinablagerungen ist Essigwasser beziehungsweise Zitronenessenz hilfreich. Danach ist alles gründlich nachzuspülen. Grundsätzlich wichtig ist, dass auf ätzende Reiniger und chemische Mittel verzichtet wird, denn derartige Reinigungsmittel würden die Atemwege aber auch die Augen der Hamster zu sehr reizen. Genauso ist es ratsam, Duftmarkierungen nicht mit Absicht zu beseitigen, denn sonst wären Zwerghamster noch orientierungsloser und würden in der nächsten Zeit vermehrt Düfte abgeben. Die Ermöglichung der Orientierung für die Hamster im Gehege ist auch der Grund, weshalb nach der Reinigung alle Einrichtungsgegenstände wieder an Ort und Stelle platziert werden müssen. Außerdem werden die Futtervorräte durch Trockenfutter ersetzt. Generell ist es angebracht, ausreichend Trockenfutter im Gehege zu verteilen. Das Gleiche gilt für neues Nestmaterial. Es wird vor allem dort angeboten, wo schon einmal Nester standen. Soll es neue Käfigeinrichtungen geben, sollten sie erst einige Zeit nach der Reinigung eingebracht werden, denn sonst wäre der Zwerghamster unter Umständen überfordert. Ebenso wird empfohlen, dem Tier nach der Generalreinigung einen Tag besondere Ruhe zu gönnen.

Auslauf

Zwerghamster freuen sich immer über Auslauf, vor allem wenn ihr Gehege nicht größer als 1 m² ist. In einer normalen Wohnung lauern jedoch viele Gefahren durch Kabel, Zimmerpflanzen, giftige Stoffe, Schlitze von Schränken und einige weitere. Darum sollten die Nager hier nicht einfach herumlaufen dürfen. Genauso gefährlich ist es, ihnen Auslauf auf der Couch oder auf einem Tisch zu geben. Schließlich können Hamster die Höhen nicht einschätzen und schnell hinunterfallen, was nicht selten tödlich endet. Besser ist es hingegen, den Auslaufbereich auf dem Boden abzugrenzen, was etwa über einen zusammenklappbaren Auslauf geschehen kann. Damit die Tiere hier nicht einfach hinausklettern können, sollte die Auslaufbegrenzung ruhig 50 cm hoch sein. Trotzdem ist es wichtig, die Zwerghamster immer im Auge zu behalten. Außerdem müssen sie ihren Auslauf eigenständig betreten und verlassen können. Immerhin kann es für die Tiere Stress verursachen, wenn sie nicht immer wieder zu ihrem Nest zurücklaufen können. Dabei muss der Auslauf nicht direkt am Gehege liegen. Er kann auch über ausziehbare Spieltunnel erreichbar sein. Auch erfreut es einige von den flinken Gesellen, wenn ihr Auslauf eine Buddelkiste beinhaltet. Hierzu wird ein Kasten mit einer Grundfläche von mindestens 1 m² sowie einer Höhe von etwa 20 cm gebaut und mit hineingestellt. Außerdem kann er mit verschiedenen Einrichtungsgegenständen versehen werden. Das ist für die Tiere interessant und gibt optisch einiges her.

Zwerghamster einfangen

Schnell passiert es, dass der Nager einmal ausbüxt. Entweder wurde die Käfigtür nicht richtig verschlossen oder er hat sich durch den Eigenbau genagt oder ist während des Auslaufs in einem unbeobachteten Moment abgehauen. In diesem Fall sollten erst einmal alle Fenster und Türen zugemacht werden. Dabei gilt es, keine Fremdgeräusche zu verursachen. Anschließend ist ein genaues Gehör gefragt, denn nur selten ist der Aufenthaltsort des Hamsters bekannt. Durch Nagen oder Scharren kann der tierische Freund manchmal ausfindig gemacht werden. Sollte das nichts bringen, ist es angebracht, das Zimmer mit Absperrungen aus Pappe abzuteilen. In jedem Bereich werden nun abgezählte Sonnenblumenkerne oder anderes gern gemochtes Futter verteilt. Etwas später beziehungsweise am nächsten Morgen wird das Futter dann nachgezählt. In dem Bereich, wo es fehlt, muss sich auch der Nager aufhalten.

Hier kann genauer nach ihm gesucht werden. Wurde der Zwerghams-ter dann gefunden, kommt er vielleicht leicht zur menschlichen Hand. Sonst kann auch noch versucht werden, ihn in eine Dose oder in ein anderes Behältnis zu locken, das an allen Fluchtwegen platziert wird. Auch sollte es Futter und ein Teil vom Nest enthalten. Zieht sich der Hamster in das Gefäß zurück, kann er nun einfach wieder in das Gehege gesetzt werden. Bleibt das Haustier nicht darin, sollte vor dem Eingang eine Klappe aus Pappe angebracht werden, welche sich nur nach innen öffnet. Eventuell ist auch der Futtervorrat aufzufüllen oder eine Futterspur zu legen. Au-ßerdem muss das Fanggefäß regelmäßig kontrolliert werden, denn schließlich soll das Tier nicht zu lange gefangen sein.

Umzug in ein größeres Gehege

Wer zum ersten Mal Zwerghamster hält, beginnt meist mit einem kleinen Gehege. Nach einiger Zeit bemerkt man dann, dass eine größere Variante für die quirligen Freunde viel besser ist. Ein Umzug ist jedoch für die Hamster immer mit viel Stress verbunden. Darum sollte der Umzug mit Bedacht geplant werden. Um dem Tier die Möglichkeit zu gewährleisten, stressfrei umzuziehen, sollte das alte Gehege mit dem Neuen verbunden werden. Handelt es sich bei dem alten Wohnplatz nur um einen Käfig, ist es auch möglich, ihn einfach geöffnet in den neuen Hamster-Wohnbereich hineinzustellen. Damit kann der Hamster erst einmal alles in Ruhe erkunden und seine Duftspuren anlegen. Nach einigen

Tagen ist es dann möglich, das Hauptnest in die neue Wohnung zu geben. Vielleicht hat der kleine Hamster sich dort auch schon ein neues Nest eingerichtet. Können die Gehege nicht miteinander verbunden werden, sollten die benutzte Einstreu, das Nest, bekannte Einrichtungsgegenstände sowie bereits vorhandenes Spielzeug mit in das neue Heim übernommen werden. Von neuen Einrichtungsgegenständen gilt es, erst einmal abzusehen. Auch sollte gleich Futter im Gehege verteilt werden. Anschließend erfolgt der Umzug. Für die nächsten Tage benötigt der Zwerghamster dann erst einmal seine Ruhe. In der Zeit erfolgt auch keine Gehegereinigung. Lediglich die Hamster-Toilette, die Futterschale sowie die Wasserschale beziehungsweise die Wasserflasche werden wie gewohnt gereinigt.

Gehegezubehör und Gehegeeinrichtung

Zum Gehegezubehör gehören unter anderem eine Trinkflasche oder ein Wassernapf sowie ein Napf für Frischfutter und eine festverschließbare Dose für das Trockenfutter. Der Wassernapf darf dabei nicht auf einer eingestreuten Etage stehen und muss oft gereinigt werden. Außerdem sollte er sinnvollerweise in einer Ecke stehen. Ebenso muss darauf geachtet werden, dass Jungtiere in dem Wassernapf nicht ertrinken können. Eine Trinkflasche hingegen ist für Zwerghamster meist nicht gut zu handhaben, denn sie müssen mit ihren nur sehr kleinen Zungen ziemlich fest gegen die Metallkugel drücken. Selbst dann kommt das Wasser nur in Tröpfchen heraus. Außerdem setzen sich in den Röhrchen bald Schimmel, Bakterien und Algen fest, weil die Röhrchen der Trinkflaschen nur schlecht gereinigt werden können. Zu einem Heim, das zwerghamstergerecht ausgestattet ist, gehören idealerweise weitere Einrichtungsgegenstände, und zwar Häuser, Etagen, Sand, Buddelkiste, Toilette, Kork, Heu, Heunester, Ton- oder Keramikgegenstände und Pappröhren. Die Einrichtungsgegenstände dürfen nicht aus Plastik sein, weil dieses Material leicht angenagt werden kann und die dabei entstandenen Plastikspäne manchmal verschluckt werden. Außerdem ermöglichen Plastikhäuser keine ausreichende Luftzirkulation und lassen sich nur schlecht reinigen. Dies fördert die Entwicklung von Pilzen, Bakterien, Lun-genproblemen sowie weitere Erkrankungen. Darüber hinaus gehören Plastikwohngegenstände für die Tiere nicht zu ihrer natürlichen Umgebung. Außerdem gibt es bei jedem Einrichtungszubehör noch Spezielles zu beachten.

So gelten Häuser als wichtigstes Einrichtungselement, weshalb mindestens ein Haus in jedem Hamsterwohnheim vorhanden sein sollte. Außerdem sollten die Einstiegslöcher und Türen 4 bis 5 cm groß sein. Das Tier sollte beim Hineinund Hinausgehen genügend Platz haben. Sonst kann es bei gefüllten Hamstertaschen zu Verletzungen durch spitze Körner kommen. Ebenso wird empfohlen, dass die Häuser eine Kantenlänge von mindestens 14 cm aufweisen. Vielleicht erscheint das Haus damit etwas groß. Jedoch sollte bedacht werden, dass nicht nur das Tier genügend Platz haben muss.

Im Hamsterhaus werden darüber hinaus seine Futtervorräte gelagert. Das Schlafhaus muss immer im unteren Gehege platziert werden und auf dem Boden stehen. Dieser sollte offen sein und dick mit Einstreu oder Chinchillasand bedeckt werden, denn Zwerghamster graben sich gerne mit Vorliebe Höhlen und Gänge unter das Häuschen. Auch ist es wichtig, dass das Dach abnehmbar ist, denn auf diese Weise kann viel besser eine Nestkontrolle stattfinden.

Neben den normalen Hamsterhäusern gibt es viele verschiedene Varianten. Beliebt bei den Tieren sind besonders die Mehrkammerhäuser, die auch als Wohnlabyrinthe bezeichnet werden. Mit ihren einzelnen Wohnkammern entsprechen sie am ehesten den Verhältnissen eines Hamsterbaues in der Natur. Das abnehmbare, große Flachdach eines Mehrkammerhauses kann übrigens auch als Etage genutzt werden.

Eine weitere Einrichtungsmöglichkeit sind die Wohnfelsen. Sie werden meist nur als Zweithaus verwendet und bestehen aus Keramik. Wohnfelsen sehen nicht nur gut aus, sondern bieten den Zwerghamstern auch eine besonders natürliche Umgebung. Sie sind außerdem leicht zu reinigen und schaffen für die Nager eine gute Klettermöglichkeit. Dank ihrer rauen Außenseite nutzen sich die Nagerkrallen während des Kletterns ganz natürlich ab.

Etagen können ans Gitter geklemmt oder flexibel sein. Sie bestehen entweder aus ungiftigen Hölzern, Sperrholz, Makrolon oder Glas. Weil manche Zwerghamster von hohen Etagen (ab 20 cm Höhe) herunterspringen, sollte sie gesichert werden. Das Gleiche trifft zu, wenn sich unterhalb der

Etagen spitze Äste, Steine oder andere Einrichtungsgegenstände befinden. Die einfachste Absicherungsmöglich-keit ist eine Umrandung mit einer Ponalleiste. Sie sollte 3 bis 4 cm hoch sein sowie 2 bis 3 mm dick. Auch benötigt jede Etage Aufgänge. Hierzu können zum Beispiel Rampen aus Weidenbrücken verwendet werden. Ähnliches gilt für Korkstückchen, eine passend geformte Wurzel oder ein Holzbrett mit aufgeklebten Stufen.

Außerdem gehört eine Hamster-Toilette in jedes Hamsterzuhause. Sie sollte aus Keramik bestehen und mit Sand gefüllt werden. Auch ist sie regelmäßig zu reinigen.

Auch darf eine Buddelecke mit Chinchillasand nicht fehlen, denn Zwerghamster und Chinchillas haben die gleichen Fellprobleme. Aus diesem Grunde müssen sie regelmäßig Sandbäder nehmen. Auch darf die Buddelecke ruhig aus Tonschalen, Holzkisten, Glasauflaufformen oder Keramikauflaufformen bestehen. Es ist jedoch auch möglich, in einem Teil des Geheges Sand einfach auszustreuen. Bei einer geringen Gehege-Grundfläche darf das Sandbad gerne auch auf einer eigenen Etage angelegt werden. Hierbei muss jedoch ein Etagenrand vorhanden sein, damit der Sand nicht nach unten rieselt.

Neben den Buddelecken kann man idealerweise auch noch eine Buddelkiste bereitstellen, die mit Einstreu aller Art, zum Beispiel Baumwolleinstreu, Blättern, Erde und anderen durchwühlbaren Materialien gefüllt wird. Die Kiste ist entweder eine Holzkiste, Blechdose oder ein Pappkarton. Plastikwannen dürfen nur unter Beobachtung verwendet werden, damit sich der kleine Nager daran nicht zu schaffen macht. Außerdem muss es für den Zwerghamster immer die Möglichkeit geben, über einen Aufgang, wie etwa Weidenbrücken, wieder nach draußen zu gelangen.

Ein Hamster wünscht sich zudem Heuberge. Diese sollten aus heißluftgetrocknetem Heu bestehen und nicht aus bodengetrocknetem Heu, denn am Boden getrocknetes Heu enthält oftmals Parasiten sowie Schimmel. Auch Heunester ohne Drahtgeflecht sollten im Hamsterkäfig vorhanden sein. Der Fachhandel bietet meist Heunester mit Drahtgeflecht an. Solange das Nest unversehrt ist, macht dies nicht unbedingt etwas aus. Wurde es jedoch von den Tieren zerpflückt, können ihnen die Drahtschlingen gefährlich werden. Leider werden Nester mit Geflecht im Fachhandel in der Regel nur unverpackt angeboten. Dadurch können sie Milben und anderes Ungeziefer enthalten. Deshalb wird empfohlen, offene Heunester nach dem Kauf für mindestens 48 Stunden einzufrieren. Durch diese Maßnahme werden zumindest die Parasiten abgetötet, jedoch leider nicht deren Eier.

Korkröhren stellen eine gute Etagenverbindung dar. Auch zum einfachen Hindurchlaufen sind sie geeignet. Korkbrücken oder Korkhöhlen sind beliebte Wohnungen für Zwerghamster. Auch eignen sich Korkplatten ausgezeichnet als Etagen und Korkrampen als Etagenaufgänge.

Pappkartons und Röhren sind dagegen mehr Spielzeug für die kleinen Nager. In ihnen können Heu oder andere Leckereien versteckt werden. Auch dienen die Röhren als Etagenverbindungen. Auch werden Pappgegenstände gerne aus Neugierde geschreddert. Deshalb dürfen sie auch nur unbedruckt sein und keine Klebstoffe enthalten. Papp-Rollen von Toilettenpapier sind meist mit Kolibakterien belastet, wenn sie schon einmal im Badezimmer verwendet wurden. Bei unbenutzten Toilettenpapier-Rollen muss das Toilettenpapier zuvor abgerollt werden, um den Hamstern die Papprolle anbieten zu können. Bei Eierkartons ist darauf zu achten, dass sie mit Salmonellen belastet sein könnten.

Die richtige Einstreu

Für Zwerghamster sind verschiedene Einstreuarten geeignet. Dies sind zum Beispiel Mais-, Hanf-, Leinen- oder Miscanthuseinstreu. Dazu kommt feines Buchengranulat oder die normale Kleintiereinstreu, die aus feinen Holzspänen besteht. Wichtig ist, dass sie staubarm oder besser noch staubfrei ist. Eingeschränkt verwendbar sind auch Weichholzspäne, Heu und Stroh, denn Weichholzspäne beinhalten ätherische Öle, welche die menschliche Nase nicht wahrnehmen kann. Sie können aber bei den Nagern die Atemwege reizen. Bei falscher Lagerung enthalten sie vielleicht noch Harz, welches das Fell verklebt und Verzehrprobleme verursacht. Ebenso können Stroh und Heu reizend auf die Atemwege wirken. Bei schlechter Lagerung beinhaltet das Heu möglicherweise auch Schimmel und Stroh kann pestizidbelastet sein. Lässt sich das Heu jedoch staubfrei oder staubarm locker aufschütteln, riecht es frisch und grün und wurde es heißluftgetrocknet, so kann es als Einstreu verwendet werden.

Die Einstreuhöhe richtet sich dann nach den Bedürfnissen des einzelnen Tieres. Um sie herauszufinden, sollte der Gehegeboden oder ein Bereich von 60 x 40 cm etwa 35 cm hoch eingestreut werden. Eventuell ist es hierzu nötig, handelsübliche Hamsterkäfige mit Plexiglas als Umrandung auszustatten. Außerdem darf die Einstreu nicht zu locker aufgeschüttet sein. Hingegen dürfen große Labyrinthe sowie Korkröhren in oder auf der Einstreu stehen. Für kleine, schwere Einrichtungsgegenstände, wie Steine, gilt diese Aussage nicht. Sie dürfen nicht auf der Einstreu stehen, denn durch ihr Gewicht könnten gegrabene Gänge zusammenbrechen.

Darüber hinaus können zu der bevorzugten Einstreuvariante auch ab und zu einmal Laub, Moos, ungedüngter Rasen und ungedüngte Erde angeboten werden. All dies darf jedoch keine Zecken enthalten. Auch muss der eingestreute Bereich am nächsten Tag wieder gereinigt werden. Kommt die Erde aus dem Garten, muss sie außerdem bei 100 °C im Backofen getrocknet und entkeimt und danach wieder leicht befeuchtet werden. Durch diesen Prozess werden die Keime zuverlässig abgetötet und durch die Befeuchtung die Atemwege der Tiere nicht gereizt.

Wichtig ist auch, dass als Einstreu niemals Katzeneinstreu verwendet wird. Es kann nämlich gefressen werden, verklumpt im Magen und der Zwerghamster stirbt daran. Auch der eingeatmete Staub kann in der Lunge verklumpen und zu Lungenproblemen führen. Von der Hamsterklumpeinstreu wird ebenfalls abgeraten.

Das Sandbad

Für Zwerghamster darf ein Sandbad nicht fehlen. Mit ihm nutzen sie ihre Krallen ab, betreiben Körper- und Fellpflege sowie Stressabbau. Hamster besitzen ein dickes Unterfell, mit dem sie sich zum Reinigen im Sand wälzen. Dieser wirkt ähnlich wie ein Kamm und kämmt Dreck und Ungeziefer heraus. Der Sand sollte idealerweise Chinchillasand aus abgerundeten Sandkörnern sein. Quarzsand sowie unterschiedliche Bimsstein-, Terrarien- oder Tonsande sind möglicherweise ebenso gut geeignet. Ähnliches gilt sowohl für feinen Vogelsand ohne Anis und Muschelgrit, als auch für Terra-riensand.

Sepiolith- und Attapulgus-Sande sollten wegen ihrer spitzen Splitter nicht angeboten werden. Sie können nämlich Lungenprobleme und Lungenkrebs verursachen. Grober Sand wie Bausand, grober Quarzsand sowie Sandkastensand können wegen ihrer rauen Kanten dem Fell schaden. Es wird struppig und ist anfälliger für Hauterkrankungen.

Im Übrigen zeigt sich ein guter Sand daran, dass er keine Feuchtigkeit aufnimmt. Weil Zwerghamster verschiedene Vorlieben bezüglich des Sandes haben, sollten auf alle Fälle unterschiedliche Sorten ausprobiert werden. Auch mögen es einige Tiere, wenn ein großer Bereich oder gar eine komplette Etage zum Sandbaden dient. Andere geben sich auch mit weniger zufrieden, wobei eine Größe von 30 x 30 cm das Mindestmaß sein sollte.

Außerdem kann es natürlich geschehen, dass mit der Zeit einige grobe Futterbestandteile im Sand landen. Sie können mit einem Sieb herausgefischt werden. Den Sand ständig zu wechseln, ist nämlich nicht nötig. Schließlich sind Hamster saubere Tiere.

Abkühlung im Sommer

Weil Zwerghamster Höhlenbewohner sind, können sie mit hohen Temperaturen nur schlecht umgehen. Schon ab 25 °C wird es für sie gefährlich. Wer die Temperatur messen möchte, sollte dies immer im Gehege machen, denn in einem Hamsteraquarium ist es deutlich wärmer als außerhalb. Außerdem können die Tiere nicht schwitzen. Um sich abzukühlen, müssen sie sich einspeicheln. Auf diese Weise können sie im Sommer jedoch schnell austrocknen, weil sie beim Einspeicheln eine Menge Flüssigkeit verlieren. Aus diesem Grund sollte das Gehege auf einer Seite mit Kacheln, Keramiktellern oder Steinplatten ausgelegt werden. Möchten sich die Nager abkühlen, können sie sich hier drauflegen. Auch ein Kühlakku, der in ein Tuch eingewickelt ist, kann an einer Gehegeseite auf dem Gitter befestigt werden. Die Hamster dürfen ihn jedoch nicht annagen können. Auch muss er regelmäßig gewechselt werden und das Gehege darf nicht direkter Sonneneinstrahlung ausgesetzt sein. Bei starker Hitze ist es vielleicht besser, den Nagerfreund an einem generell kühleren Ort, wie etwa einem trockenen Keller, unterzubringen. Ebenso sollten Transporte vermieden werden beziehungsweise nur in klimatisierten Fahrzeugen durchgeführt werden. Bei Letzteren dürfen die Tiere aber keinen Zug bekommen. Ein weiterer Abkühlungstipp ist es, neben dem normalen Sandbad noch ein Gefäß mit leicht angefeuchtetem Sand anzubieten. Zu guter Letzt kann auch ein Klimagerät erworben werden, was die gesamte Zimmertemperatur gleichbleibend kühl hält. Dieses sollte aber nicht direkt auf das Gehege zeigen und mindestens 2 m davon entfernt stehen. Auch dürfen keine Ventilatoren verwendet werden, denn sie verursachen nur ein Gefühl von kühler Luft, verringern jedoch die Temperatur real jedoch nicht. Somit helfen sie den Tieren auch nicht wirklich. Im Gegenteil: Die Augen und Schleimhäute werden damit nur ausgetrocknet. Dies ist mit massiven gesundheitlichen Folgen verbunden.

Was es im Sommer noch zu beachten gibt
Neben der Abkühlung wird empfohlen, das Futter leicht umzustellen. Es sollte energieärmer sein und somit weniger Nüsse und Kerne beinhalten. Außerdem sind wasserhaltige Frischfuttersorten, wie zum Beispiel Salat oder Gurke, gern angenommene Durstlöscher. Dass immer genügend Wasser zur Verfügung steht, ist ebenfalls selbstverständlich. Auch müssen vor allem bei starker Hitze die Futtervorräte intensiv kontrolliert werden, damit sich weder Schimmel bildet, noch sich Würmer im Futter vermehren.

Laufräder

Mit Laufrädern können Zwerghamster Stress abbauen. Sie ersetzen jedoch kein großes, abwechslungsreiches Gehege. Außerdem entwickeln Hamster, welche in einem zu kleinen Käfig mit Laufrad wohnen, stereotypenähnliche Verhaltensmuster. Dies bedeutet, sie machen des Öfteren immer wieder die gleichen Bewegungen, wie etwa das ständige Laufen im Rad. So etwas hat, genauso wie andere stereotypische Verhaltensweisen, gesundheitliche Folgen. Um dieses Fehlverhalten wieder loszuwerden, gilt es erst einmal, den Käfig zu vergrößern und abwechslungsreich zu gestalten. Anschließend wird das Haustier allmählich vom Rad entwöhnt und für andere Dinge begeistert.

Soll das Laufrad bei einem ausreichend großen Hamsterkäfig zum Stressabbau dienen, muss einiges beachtet werden.

Ein gutes Laufrad besitzt einen Durchmesser von mindestens 20 cm. Bei größeren Arten sind sogar 25 cm Durchmesser ratsam, denn Laufräder, die zu klein sind, führen zu Verkrümmungen der Wirbelsäule. Auf Dauer bekommt das Tier Schmerzen und vielleicht sogar einen Bandscheibenvorfall. Auch muss die Einstiegsseite voll geöffnet sein, während die andere Seite bestenfalls komplett geschlossen ist. Als Wand sollten dabei nicht Gitter zählen, sondern nur ein kompletter Verschluss, denn in den Gittern können die Tiere schnell mit ihren Füßen hängen bleiben. Mit der geschlossenen Seite wird das Rad auch aufgehängt. Besitzt das Laufrad zwei Standbeine, ist dies immer eine Gefahr. Außerdem wird empfohlen, dass die Lauffläche glatt geschlossen ist. In offenen Sprossen könnten sich die Zwerghamster nämlich verfangen. Sind sie auf einem geschlossenen Untergrund angeklebt, dürfen sie höchstens 2 mm und nur fußgroß sein. Auch dürfen die Sprossen-Abstände maximal 3 cm betragen und die Sprossen sind idealerweise leicht rund gefeilt. Leider sind die meisten Laufräder aus dem Fachhandel diesbezüglich nicht wirklich hamstergerecht. Werden die falsch eingeklebten Stufen entfernt und anderweitig ersetzt, sind sie aber verwendbar. Natürlich muss das Rad auch leicht laufen, darf nicht eiern und muss schnell gestoppt werden können. Folgende Laufradarten sind für Zwerghamster mehr oder weniger geeignet:

Silent Runner

Sie gibt es in verschiedenen Größen von 22 bis 29 cm Durchmesser und 6 bis 9,5 cm Breite. Außerdem besitzen sie ein hochwertiges, sehr leises Kugellager. Je nach Ausführung ist der „Runner" mit robusten, festen Standbeinen im Gehege aufstellbar oder kann an der Käfigwand befestigt werden. Dazu kommen ein fehlender Schereneffekt, ungiftiges Material und keine Splitterung beim Annagen. Auch verfügt die Lauffläche über Rillen und das Rad kann leicht gereinigt werden. Allerdings sollte es auf einer festen Etage stehen, denn im Sand kann es zugebuddelt werden. Dann würde es schwergängig oder gar nicht mehr funktionieren.

Wodent Wheels

Dieses Laufrad gibt es in den Durchmessern 20 und 27 cm sowie in den Breiten 6 und 7 cm. Sein Material ist ungiftiges Plastik, welches nicht zu scharfen Splittern neigt. Dazu kann das Rad leicht vom Hamster gestoppt werden. Trotz all dieser Vorteile ist möglicherweise der Fuß etwas ungeeignet. Auch wird das Laufrad in der Einstreu schnell zugebuddelt. Weil es auf glatten Ebenen rutscht, muss eine rutschfeste Unterlage mit integriert werden. Auch ist eine regelmäßige Laufradpflege nötig. Nach der Reinigung gilt es, die Achsen einzufetten. Hierzu wird am besten handelsübliche Vaseline verwendet. Industrieöle sind hingegen giftig für die Nager. Pflanzenöle würden der beim Drehen des Rades entstehenden Reibungshitze nicht lange standhalten und schnell ranzig werden.

Metalllaufräder

Wenn sie offene Sprossen besitzen, gelten sie als gesundheitsschädlich und tierschutzwidrig, denn der Zwerghamster kann sich hierbei die Glieder verrenken oder gar brechen, eventuell kann er sich sogar aufhängen. Auch können Jutebänder angenagt werden. Oft wickeln sich dann die Fäden um die Beine oder der Hamster bleibt in den Löchern hängen. Außerdem sind Metalllaufräder oft zu klein und die Tiere können sich einklemmen, weil die Standbeine nicht hoch genug sind. Zu guter Letzt stellen sie eine Gefahr beim Aussteigen dar, denn es besteht die Gefahr, dass sich die Nager zwischen den Haltestäben einquetschen können.

Plastiklaufräder

Sie können unter bestimmten Umständen für Zwerghamster geeignet sein. Jedoch sollten sie aus ungiftigem und nicht splitterndem Plastik bestehen. Am besten ist Hartplastik geeignet, weil es nicht so schnell angenagt werden kann. Dazu kommt, dass die Laufräder ausreichend groß sein müssen. Leider sind die Plastiklaufräder oft aber viel zu klein, besonders jene, die schon vormontiert sind. Dies kann zu Rückenproblemen führen. Gesundheitlich bedenklich sind auch Laufräder mit offenen Sprossen oder Geschlossene mit harten und viereckigen Sprossen. Unbedingt muss darauf geachtet werden, dass die Halterung den Hamster nicht beim Laufen verletzt, denn die meisten Halterungen stehen mittig hervor und sind nicht gesichert.

Holzlaufräder

Günstige Holzlaufräder aus dem Fachhandel sind in den meisten Fällen ungeeignet. Hier sind die eingeklebten Laufstege schlicht zu groß. Die Folge ist, dass die Nager während des Laufens stolpern oder sich sogar verletzen. Wer dennoch solche Räder verwenden möchte, sollte bei den günstigen Ausführungen die Laufstege entfernen sowie eine dünne Korkplatte einkleben. Natürlich gibt es auch Varianten, die etwas teurer sind. Diese sind höhenverstellbar und besitzen eine Kork- oder gewachste Lauffläche. Außerdem sind sie nicht chemisch behandelt und mit einem hochwertigen Kugellager sowie einer geschlossenen Seite zum Aufhängen versehen. Trotzdem muss darauf achtgegeben werden, ob das Holz nicht angenagt wird. Dies kann manchmal geschehen und macht das Laufrad instabil oder es kann nicht mehr rund laufen. In diesem Fall muss es durch ein neues Laufrad ersetzt werden. Ferner sollte überprüft werden, welche anderen Möglichkeiten die Tiere zum Nagen haben, denn ein solches Verhalten ist meist auf unzureichendes Nagematerial zurückzuführen.

Ungeeignetes Spielzeug: Laufteller, Joggingbälle und Ähnliches

Obwohl Zwerghamster viel laufen, sind Laufteller, Joggingbälle und ähnliche Spielzeuge für sie ungeeignet.
Laufteller wurden nämlich ursprünglich in den USA für Chinchillas entworfen. Trotz eines großen Durchmessers können sich Hamster beim Laufen nach innen biegen. Dadurch wird die Wirbelsäule dauerhaft einseitig belastet. Auch können die Tiere bei einem plötzlichen Stopp weggeschleudert werden, so dass sie an die Käfigwände prallen. Ebenso sollte von Joggingbällen oder anderen Laufkugeln abgesehen werden. Diese gelten als gesundheitsschädlich und tierschutzwidrig. Schließlich können sie für die Nager zu schweren Verletzungen führen. Die Tiere können die Kugeln nicht lenken oder bremsen und rollen gegen Tische und Wände. Als Folge von solch ungebremstem Aufprallen ist mit Verstauchungen und anderen Verletzungen zu rechnen. Eventuell rollen die Hamster damit auch die Treppe hinunter. Dies kann kein Tier überleben. Auch dringt in die Kugeln durch die zu kleinen Lüftungsschlitze nicht ausreichend Luft hinein. Ebenso sind die Laufkugeln viel zu klein. Ihr Durch-

messer liegt meist nur bei 12 bis 18 cm. Damit die Zwerghamster keine Rückenverkrümmungen oder Ähnliches bekommen, sollte die Größe jedoch mindestens 20 cm betragen. Außerdem ist in einer solchen Laufkugel das Sehen nur mehr eingeschränkt möglich. Genauso nutzt in dieser Situation dem Zwerghamster sein Geruchssinn nichts mehr, weil er die Umgebung nicht beschnuppern kann. Ähnliches trifft auf das Gehör zu. Somit sind die Tiere ziemlich orientierungslos. Sie stehen unter massivem Stress und versuchen durch Weglaufen der Kugel zu entkommen. Das können sie jedoch nicht erreichen. Ebenso wenig können sie die Laufkugel nicht jederzeit verlassen. Freiwillig betreten eigentlich nur die Tiere einen solchen Gegenstand, die in einem kleinen Käfig ohne Bewegungsfreiheit leben. Besser ist es aber, den Hamstern ein großes Gehege und viel richtigen Auslauf anzubieten.

Zwerghamster füttern

In ihrer wilden Heimat haben die Zwerghamster einen sehr abwechslungsreichen Ernährungsplan. Er besteht aus Kräutern, Gräsern, Samen, Wildgemüse, Getreide, Beeren sowie Insekten. Im Winter ernähren sich die Tiere von ihren Vorräten, also getrockneten Kräutern, den Kräutersamen und anderen getrockneten Pflanzenteilen. In der Heimtierhaltung kann ihnen jedoch das gesamte Jahr über eine abwechslungsreiche Kost angeboten werden.

Dabei gilt es immer zu beachten, dass der Anteil an tierischer Nahrung, Gräser- und Kräuternahrung sowie anderen Pflanzenbestandteilen genau eingehalten wird.

Bei dem Dsungarischen und Campbell-Zwerghamster bedeutet dies, 40 % tierischer Anteil, 40 bis 50 % Kräuter und Gräser sowie 10 bis 20 % weitere Pflanzenbestandteile.

Der chinesische Zwerghamster benötigt hingegen 30 % tierische Nahrung, 50 % Kleinsämereien und 20 % Pflanzenteile.

Letzteres liegt bei dem Roborowski-Zwerghamster bei 10 %. Genauso viel wünschen sie sich auch an tierischer Nahrung. Grassamen und Kräutersamen sind dagegen zu 80 % nötig.

Hauptfutter: Trockenfutter

Trockenfutter ist bei Hamstern in der Heimtierhaltung das wichtigste Futterelement.

Ein ausgewachsener Zwerghamster benötigt bei vielen groben Futterbestandteilen 2 bis 3 Teelöffel pro Tag. Beinhaltet das Futter weniger grobe Bestandteile, ist auch 1 Teelöffel am Tag ausreichend. Die genaue Menge ist natürlich bei jedem Tier verschieden. Bleibt bis zur nächsten Fütterung nichts mehr übrig, sollte die Portion vergrößert werden. Wird hingegen zu viel gebunkert, reicht auch etwas weniger aus. Jedoch sollte es dem Hamster erlaubt sein, sich wenigstens einen kleinen Vorrat anzulegen. Das verleiht ihm ein Gefühl von Sicherheit. Jedoch muss das alte Futter ab und zu gegen neues Trockenfutter ausgetauscht werden. Auch beinhaltet das richtige Trockenfutter viele Kleinsämereien, Grassamen, getrocknete Kräuter und getrocknete Larven. Bunte, gepresste und aufgepoppte Bestandteile sind in gutem Trockenfutter bestenfalls nicht oder nur in geringen Maßen zu finden. Außerdem ist es ratsam, Futter mit Zucker, Honig, Melasse und ungekennzeichneten Nebenprodukten lieber im Regal stehen zu lassen. Auch staubiges, graues Trockenfutter darf nicht verfüttert werden. Geeignetes Futter sollte frisch riechen, frisch aussehen und nur wenige fetthaltige Bestandteile, wie Nüsse und Sonnenblumenkerne, enthalten. Der Eiweißbedarf beim Zwerghamster ist übrigens höher als bei normalen Hamstern. Darum sollten sie nie immer nur das reine Goldhamsterfutter bekommen, sondern immer eine diverse Mischung.

Die Bestandteile des Trockenfutters

Trockenfutter kann verschiedene Bestandteile beinhalten. Diese sollten auf die jeweilige Zwerghamsterart abgestimmt oder nur selten als Leckerei verwendet werden.

Ein Hauptbestandteil des Trockenfutters sind die Kleinsämereien. Ihre Grundmischung besteht aus Ölsamen, Grassamen sowie Hirse. Ölsamen können dabei Leinsaat, Hanf, Chiasmen, Perilla, Kardi, Negersaat, Mohn, Leindotter und Sesam sein. Ihr Anteil sollte nur bis zu 30 % der Samenmischung betragen, denn Ölsamen sind sehr fetthaltig. Grassamen wie Rohrschwingel, Knaulgras, Kammgras und Weidelgras dürfen bis zu 35 % der Samenmischung ausmachen. Sie werden jedoch nicht von allen Tieren mit Vorliebe verspeist. 30 bis 40 % der Samenmischung bestehen aus Hirse oder Mehlsamen. Hierbei werden Silberhirse, Mannahirse, Japanhirse, Platahirse, Bluthirse, gelbe Hirse sowie Senegalhirse verwendet. Das Gleiche trifft auf Dari, Amarant und Buchweizen zu. Außerdem dürfen 20 bis 30 % Wildsamen untergemischt werden. Gemeint sind die Samen von Löwenzahn, Dill, Fenchel, Bockshornklee, Petersilie, Kerbel, Wildblumen, Heublumen, Luzerne, Mariendistel und Gänseblümchen.

Auch werden je nach Hamsterart verschiedene Mengen von getrockneten Kräutern, Blättern, Blüten, Getreide und Trockengemüse dem Trockenfutter beigemischt.

Getrocknete Kräuter, Blüten sowie Blätter regeln nämlich den Mineralhaushalt. Sie können bestehen aus:

- Brennnesselkraut,

- Dill,

- Gänseblümchen,

- Brombeerblättern,

- Haselnussblättern,

- grünem Hafer,

- Hirtentäschelkraut,

- Kamille,

- Kornblumenblüten,

- Melisse,

- Petersilie,

- Löwenzahn mit Wurzel,

- Pfefferminzblätter,

- Sauerampferkraut,

- Ringelblumenblüten,

- Schafgarbe,

- Spitzwegerichkraut,

- Sonnenblumenblüten,

- Vogelmiere und

- allen Süßgräserarten

Getrocknete Kräuter, Blüten und Blätter werden jedoch nicht von allen Tieren gerne angenommen. Dafür sind sie jedoch auch gut für Diabetiker-Hamster geeignet.

Bezüglich der Getreidearten können folgende Sorten verfüttert werden:

- Gerste,

- Kamut,

- Emmerweizen,

- Roggen,

- Buchweizen und

- Amarant

Insbesondere Buchweizen und Gerste beinhalten nur wenig Zucker und Stärke. Alle anderen Sorten sollten aber nur in geringen Anteilen im Fertigfutter enthalten sein. Außerdem kann das Getreide bei kranken oder sehr mageren Tieren als Flocken verabreicht werden, denn Flocken werden schnell verzehrt und besser verdaut.

Auch Hafer kann unter Umständen enthalten sein. Hybriden, Dsungaren, Campbell- sowie Diabetiker-Zwerghamster dürfen allerdings keinen Hafer bekommen. Das Gleiche trifft für Trockengemüse zu. Alle anderen Zwerghamster-Arten können allerdings ab und zu etwas getrocknetes Knollengemüse bekommen. Wegen des erhöhten Zuckergehaltes sollte dies jedoch nur eine Leckerei bleiben. Zuckerarmes

Gemüse wie zum Beispiel Brokkoli, Gurke, Möhren, Sellerie, Rote Bete, Fenchel, Pastinaken, Kohlrabi, Kürbis, Petersilienwurzel und Zucchini können ebenso Bestandteile des Trockenfutters sein. Von getrocknetem Obst oder exotischen Früchten muss hingegen abgesehen werden. Einige werden zwar vertragen, besitzen allerdings einen zu großen Zuckergehalt.

Zu den genannten Bestandteilen kommen noch Nüsse beziehungsweise Kerne und sonstige Bestandteile hinzu. Jedoch sollten Sonnenblumenkerne (6 Stück), Pinienkerne (4 Stück), Erdnüsse, Walnüsse (ein viertel Stück), Pecannüsse, Macadamia, Kürbiskerne, Haselnüsse (ein halbes Stück) nur gering in der angegebenen Menge pro Woche verfüttert werden. Schließlich beinhalten Nüsse und Kerne viel Fett. Sonstige Bestandteile des Trockenfutters können sein:

- Erbsenflocken,

- Reisflocken,

- Bruchmais,

- ungezuckerte Cornflakes und

- rohe Nudeln aus Hartweizengrieß.

Mit Ausnahme von Erbsen- und Reisflocken sind oben aufgeführte Trockenfutterbestandteile aber nicht geeignet für Hybriden, Diabetikerhamster, Dsungaren sowie Campbell-Zwerghamster. Auch macht dieses Futter bestenfalls nur 5 % der Fertigfuttermischung aus.

Trockenfutter lagern

Trockenfutter ist höchstens 4 Monate zu lagern. Sonst gehen die Vitamine verloren und fetthaltige Bestandteile können ranzig werden. Das Trockenfutter sollte in einer Blechdose oder in einer mit Papier ausgeschlagenen und dickwandigen Papp- oder Holzschachtel aufbewahrt werden. Tüten sind hingegen ungeeignet. Hier können nämlich schnell Parasiten eindringen.

Keimfutter

Gutes Trockenfutter beinhaltet keimfähige Samen und keimfähiges Getreide. So können einige Samen auf ein angefeuchtetes Blatt Küchenrollenpapier gelegt werden. Nach einigen Tagen entwickelt das Futter Keimlinge. Diese enthaten Kohlenhydrate, Vitamine, Mineralien, Proteine und bringen auf dem Speiseplan eine gute Abwechslung. Auch wird behauptet, dass sich Keimfutter positiv auf Diabetikerhamster auswirkt. Selbstverständlich darf das Futter nicht verdorben sein. Ein weißer, pelziger Belag ist Schimmel. Damit die Tiere nicht krank werden, verbietet es sich von selbst, die verschimmelten Körner nun noch zu verfüttern.

Grünfutter

Mit Grünfutter sind alle grünen Pflanzenteile gemeint. Sie enthalten Vitamine und sind ein guter Wasserlieferant. Jedoch sind nicht alle Grünpflanzen zum Verfüttern geeignet. Hier nun eine Liste mit Futterpflanzen und Fütterungshinweisen:

- Ackerfuchsschwanz

- Breitwegerich

- Brennnesselkraut:
  Es wirkt harntreibend, blutdrucksenkend und wird besser getrocknet verfüttert.

- Brunnenkresse:
  Reizt die Atemwege, wirkt aber in kleinen Mengen appetitanregend, harntreibend und stoffwechselfördernd.

- Brombeerblätter:
  Besitzen viel Gerbsäure und können frisch nur ohne Stacheln gegeben werden, getrocknet aber auch mit Stacheln.

- Dill:
  Regt den Appetit an, fördert die Verdauung, lindert Blähungen und ist gut für die Milchbildung.

- Dinkel:
  Die ausgereiften Ähren werden nicht verfüttert, sondern nur die grünen Pflanzenteile.

- Gerste:

Auch hier werden nur die grünen Pflanzenteile verfüttert, nicht aber die ausgereiften Ähren.

- Giersch

- Gras:

An Gras müssen Zwerghamster langsam gewöhnt
werden.

- Gänseblümchen:

Können in großen Mengen abführend wirken. Außerdem unterstützen sie bei Lungenerkrankungen
den Heilungsprozess.

- Huflattich

- Hirtentäschelkraut:

Wegen der Wehenförderung darf es nicht an trächtige Tiere verfüttert werden. Es wirkt außerdem blut-
stillend.

- Hafer:

Es werden nur die grünen Pflanzenteile zum Fressen
angeboten, nicht jedoch die ausgereiften Rispen.

- Knaulgras

- Klee:

Ein wenig Gelb-, Weiß- und Rotklee werden vertragen. In großen Mengen wirkt er hingegen gasbildend
und bringt Durchfall mit sich.

- Löwenzahn:
  Wurzel und Kraut regen den Appetit an. Färbt den Urin rötlich und wirkt harntreibend.

- Rispengras (Einjähriges Rispengras)

- Roggen:
  Die ausgereiften Ähren sind für Zwerghamster nicht verzehrbar, sondern nur die grünen Pflanzenteile.

- Rohrschwingel

- Weidelgras

- Wiesensauerampfer:
  Enthält viel Oxalsäure.

- Wiesenbärenklau:
  Darf nicht mit dem giftigen Doppelgänger Riesenbärenklau sowie Hecken-Kälberkropf verwechselt werden. Auch dürfen ihn helle Tiere nicht fressen und die Stacheln sollten entfernt werden.

- Wiesenkammgras

- Wiesenrispengras

- Wiesen-Lieschgras

- Kleiner Wiesenknopf:
  Soll viel Vitamin C enthalten.

Folgende Kräuter, Blüten und Blätter dürfen Zwerghamster bekommen:

- Basilikum:
Wirkt krampflösend, appetitanregend, beruhigend, hat aber viel Estragol und darf darum nur in kleinen Maßen verfüttert werden.

- Brombeerblätter:
Enthalten viel Gerbsäure, werden getrocknet mit Stacheln verfüttert oder ohne. Im frischen Zustand müssen die Stacheln auf alle Fälle entfernt werden.

- Brennnesselkraut:
Es wirkt harntreibend und wird nur getrocknet gegeben.

- Dill:
Er wirkt krampflösend, appetitanregend und ist vitaminreich.

- Echinacea (Sonnenhut):
Hat positive Auswirkungen auf das Immunsystem.

- Giersch:
Er darf nicht mit dem giftigen Doppelgänger Taumel-Kälberkropf verwechselt werden.

- Gänseblümchen:
Sie werden gerne gefressen.

- Golliwoog:
Golliwoog ist eigentlich eine Zierpflanze. Sie scheint aber zum Verfüttern geeignet zu sein.

- Grüner Weizen:
  Nach einer Eingewöhnung kann er auch in größeren
  Mengen angeboten werden.

- Gras:
  Es ist eine Eingewöhnung nötig, danach kann es immer gegeben werden.

- Haselnussblätter

- Hirtentäschelkraut

- Johannisbeerblätter

- Kamille:
  Kamille ist gut bei Atemwegserkrankungen und wirkt
  sich positiv auf die Verdauung aus. Sie kann auch als
  Tee verabreicht werden.

- Kornblumenblüten

- Luzerne

- Pfefferminzblätter:
  Sie fördern die Durchblutung, regen die Gallensekre-
  tion an und wirken entkrampfend bei Magen- und
  Darmbeschwerden.

- Petersilie:
  Wegen der Wehenförderung darf es nicht an trächtige Tiere verfüttert werden. Auch enthält Petersilie
  viel Kalzium.

- Ringelblumenblüten:
  Sie beruhigen die Zwerghamster.

- Sauerampferkraut:

  Enthält viel Oxalsäure, darum nur wenig geben.

- Salbei:

  Salbei ist reich an ätherischen Ölen. Bei dauerhaftem Verzehr oder bei Fütterung in großen Mengen kann es zu Vergiftungen kommen.

- Schafgarbe:

  Regt den Appetit an und ist hilfreich bei Blasen- sowie Nierenleiden.

- Sonnenblumenblüten:

  Sie werden mit Vorliebe angenommen.

- Spitzwegerichkraut:

  Es ist hilfreich gegen Erkältungs-, Nieren- und Blasenerkrankungen.

- Vogelmiere

- Wilde Malve

- Zitronenmelisse:

  Sie wirkt Krämpfen und Blähungen entgegen.

Futter zum Entdecken

Weil wilde Zwerghamster in der Natur ihr Futter suchen, sammeln und erarbeiten müssen, sollte ihnen dies auch in der Heimtierhaltung abverlangt werden. Darum gibt es das Trockenfutter niemals im Napf. Viel besser ist es, das Futter im gesamten Gehege, mit Ausnahme der Pinkelecke, zu verstreuen. Hamster, die dies nicht kennen, müssen das Suchen erst lernen. Hierzu wird anfangs nur ein Teil des Futters um den Futternapf herum verstreut. Dann werden es immer mehr Stellen und auch bisher unbekannte Ecken.

Außerdem darf das Trockenfutter in Heubergen, Pappröhren und sauberen Eierkartons versteckt werden. Erdnüsse samt Schale sowie Kerne dürfen hingegen gerne in den Sand oder in den Buddelkasten kommen.

Ebenso sehr beliebt sind Graswiesen und Futterspieße. Für die Graswiesen werden in Blumentöpfen oder anderen Gefäßen eine Mischung aus Gras, Gerste, Hafer, Weizen und einige Kräuter ausgesät. Ist das Grünzeug etwa 10 cm hochgewachsen, kann es dem Zwerghamster zum Fressen gegeben werden. Zuvor muss er jedoch an das Grünfutter gewöhnt werden. Die Futterspieße werden hingegen aus Metallspießen (gibt es im Fachhandel zu erwerben) mit Gemüse sowie Obst zusammengestellt. Sie werden so in das Gehege gehängt, dass sie auf dem Boden aufliegen und nicht frei schwingen. Anderweitig kann es zu Verletzungen kommen. Zu guter Letzt darf ruhig immer eine Kolbenhirse im Hamsterkäfig vorhanden sein. Wird sie jedoch innerhalb weniger Stunden zerlegt und gebunkert, so sollte nur einmal pro Woche eine neue Stange angeboten werden.

Obst und Gemüse füttern

Gemüse ist vitamin- und wasserhaltig und vor allem im Winter bei Grünfuttermangel ein willkommenes Futter. Es sollte einmal pro Tag und in einer Menge angeboten werden, die zeitnah verzehrt wird, denn der Zwerghamster sollte keine Möglichkeit haben, das Frischfutter zu bunkern. Kommt es dennoch dazu, muss es wieder von dem Besitzer beziehungsweise von der Besitzerin herausgenommen werden. Außerdem ist es angebracht, immer verschiedenes Frischfutter gleichzeitig anzubieten. Frisst das Tier einzelne Sorten nicht, sollten diese dennoch immer einmal wieder probiert werden, denn schon nach einigen Wochen kann sich das Verhalten verändert haben. Außerdem gilt es, das Gemüse immer gründlich abzuwaschen und in einigen Fällen auch zu schälen.

Das Abwaschen und Schälen gilt auch für Obst. Dieses sollte jedoch nur einmal pro Woche und in geringen Portionen angeboten werden. Weil Campbell- und Dsungarische Zwerg-hamster sowie Hybriden zu Diabetes neigen und Obst viel Zucker besitzt, gilt für diese Rassen ein absoluter Obst-verzicht.

Ansonsten ist es möglich, folgende Obst- und Gemüsesorten zu verfüttern:

- Ananas

- Äpfel:

Nur ohne Kerne anbieten und den Blausäuregehalt
beachten.

- Bananen:
Nur ganz selten geben. Sie sind zuckerhaltig und führen zur Verstopfung.

- Birnen:
Sind meist zu süß. In Verbindung mit Wasser führen
sie zu Durchfall.

- Blattspinat:
Wegen zu hohem Oxalsäuregehalt sollten nur geringe
Mengen angeboten werden.

- Broccoli:
Ist gut für die Abwehrkräfte.

- Brombeeren:
Führen in Verbindung mit Wasser zu Durchfall und
sind sehr süß.

- Chicoree:
Enthält viel Oxalsäure.

- Eisbergsalat

- Erdbeeren:
Es können Früchte und Blätter auf dem Speiseplan
stehen.

- Endivien:
Sie haben viele Mineralstoffe wie Phosphor, Kalzium, Eisen und Kalium. Hinzu kommen die Vitamine A, B und C sowie Inulin. Letzteres wirkt appetitanregend und galle- sowie harntreibend.

- Feldsalat/Rapunzelsalat/Nüsslersalat

- Fenchelknollen und Fenchelgrün:
Beides ist zum Verfüttern geeignet. Die Fenchelknollen helfen bei Verdauungsbeschwerden und besitzen einen hohen Mineral- und Vitaminanteil. Außerdem kann sich der Urin rötlich färben. Der Anteil von Safrol/Estragol ist sehr gering.

- Gurke:
Sämtliche Gurkenvarianten sind für Zwerghamster verzehrbar. Zu große Mengen führen jedoch zu matschigen Kötteln.

- Heidelbeeren:
Gefüttert werden können Früchte, Blätter und Äste. 1 bis 2 Früchte sind pro Woche ausreichend.

- Himbeeren:
Es ist möglich, die Blätter mit zu verfüttern. Zusammen mit Wasser können sie Durchfall verursachen.

- Johannisbeeren:
Für eine Woche reichen 1 bis 2 Früchte aus. Auch dürfen Blätter und Äste angeboten werden.

- Kohlrabi

- Kopfsalat

- Kürbis:

Es dürfen alle Kürbissorten angeboten werden, die auch für Menschen verträglich sind. Demzufolge dürfen Zierkürbisse nicht verwendet werden.

- Kiwi:

Nur wenig geben, denn die Fruchtsäure reizt die Haut und macht den Urin sauer.

- Mangold:

Nur in kleinen Mengen anbieten, wegen des erhöhten Oxalsäuregehaltes.

- Mandarinen:

Die Fruchtsäure wirkt reizend auf die Haut und säuert den Urin an. Darum nur selten verabreichen.

- Möhren/Karotten:

Möhren können den Urin verfärben. Das Karottengrün enthält möglicherweise zu viel Kalzium.

- Paprika:

Es werden nur die Früchte ohne Stiel, Kerne und unreife Stellen angeboten. Die Schweizer nennen die Gemüsepaprika "Peperoni". Die Peperoni im Sinne der Chilischote oder das Gewürz sind jedoch nicht verzehrbar für die Tiere.

- Pastinaken

- Portulak:

Portulak verfügt über Omega-3-Fettsäuren. Ferner enthält Portulak die Vitamine B1, B2 sowie B6.

- Petersilienwurzel:

  Ist nicht für trächtige Zwerghamster geeignet, wegen
  der wehenfördernden Wirkung.

- Romanasalat, Romanosalat, Lattich, Römersalat:

  Darf in kleinen Mengen gegeben werden und ist sehr
  vitaminreich.

- Radieschen/Radieschenblätter:

  Die ätherischen Öle von Radieschen reizen die
  Atemwege. Allerdings können die Radieschenblätter
  problemlos verfüttert werden.

- Rucola/Rauke:

  Sie zählt zu den Kohlgewächsen und beinhaltet viel
  Nitrat und Senföle.

- Rote Bete/Randen:

  Rote Bete kann Kot und Urin rot färben. Außerdem
  darf sie wegen des hohen Gehaltes an Oxalsäure nur
  in geringem Maße verfüttert werden.

- Sellerie:

  Bei Knollen- und Stangensellerie darf die ganze Pflanze mit Blättern angeboten werden. Jedoch ist Knol-
  lensellerie zu schälen oder zumindest gut abzuwaschen.

- Stielmus/Rübstiel/Cime di Rapa

- Steckrübe/Kohlrübe

  Sie ist im Winter ein nahrhaftes und vitaminreiches
  Futter.

- Stachelbeeren

- Topinambur:
  Hier darf die komplette Pflanze auf dem Speiseplan stehen. Die Knollen sollte es jedoch nur selten geben.

- Tomaten:
  Das Grün, die Kerne sowie das weiche Fruchtfleisch müssen entfernt werden. Rotes, festeres Fruchtfleisch kann bei Überfütterung Durchfall verursachen. Zudem sollte bedacht werden, dass Tomaten viel Zucker enthalten.

- Wassermelone:
  Wassermelonen enthalten viel Zucker und dürfen nur in sehr geringen Mengen gegeben werden.

- Weintrauben:
  Sind Kerne und Schale entfernt, dienen sie als Leckerei. Sie besitzen viel Gerbsäure.

- Zuckermais (Kolben):
  Frische oder getrocknete, ungespritzte Maiskolben anzubieten, ist möglich. Auch die Blätter werden gerne angenommen und sind gesund.

- Zucchini

Zweige füttern

Mit dem Verzehr von getrockneten oder frischen Zweigen betreiben Zwerghamster auch Zahnpflege. Darum sollte sich hiervon immer etwas im Zwerghamster-Heim befinden. Die nachstehenden Sorten können verfüttert werden:

- Ahorn:
  Nur in geringen Mengen und ohne Blüten sowie ohne Knospen.

- Apfelbaum

- Birke:
  Die Blätter wirken sehr harntreibend. Sie besitzen viel Gerbsäure.

- Buche:
  Hier besitzen die Blätter viel Oxalsäure. Darum Blätter nur in geringen Mengen verabreichen.

- Birnbaum

- Erle

- Gemeine Esche:
  Die Knospen sowie die Früchte (Beeren) sollten nicht gegeben werden. Auch sind keine anderen Esche-Arten geeignet.

- Haselnussstrauch

- Heidelbeerbusch

- Hainbuche:

Hainbuchen müssen vor dem Verfüttern auf Pilzbefall untersucht werden. Wegen ihres erhöhten Gerbsäureanteils wird empfohlen, sie nicht zu oft zu füttern.

- Johannisbeerbusch

- Pappel

- Linde:
  Ihre Blätter wirken harntreibend.

Tierisches Futter

Neben Trockenfutter, Gemüse und wenig Obst, benötigen Zwerghamster auch tierische Nahrung. In der Heimtierhaltung kann diese dreimal pro Woche gegeben werden. Trächtige Weibchen dürfen gerne mehr bekommen. Schließlich liegt der Eiweißbedarf bei ihnen etwas höher. Auch sollte die Nahrung von den Tieren sofort verzehrt werden.

Folgende tierische Nahrung ist besonders gut geeignet:

- getrocknete oder frische Bachflohkrebse (Gammarus)

- unbehandelte, getrocknete oder frische Garnelen

- lebende oder getrocknete Grillen

- lebende oder getrocknete Heimchen

- Mehlwürmer:
  Weil sie sehr fetthaltig sind, sollten es nicht mehr als 2 bis 4 Würmer je Hamster in einer Woche sein.

- Zophobas:
  Wegen ihres hohen Fettgehaltes werden sie nur selten verabreicht.

- hartgekochtes und abgekühltes Eiweiß sowie Eigelb:
  Das Ei darf vom Zwerghamster nicht gebunkert werden und wird nur in geringen Mengen angeboten und
  höchstens 1 mal pro Woche.

- Fruchtjoghurt:
  Nur ohne Zucker und Süßstoffe, am besten laktose-
  frei und selbst gemacht.

- zuckerfreier Hundekuchen mit 22 % Proteinen sowie
  4 bis 5 % Rohfett

- Käse:
  Nur ab und zu geben und nur schimmellose, milde
  Sorten wie etwa „Gouda jung".

- salzarmer und laktosefreier Hüttenkäse

- Katzenleckereien:
  Nur ohne zugesetztes Taurin und nicht so oft geben.

- Quark:
  Es kommt nur laktosefreier Magerquark in kleinen
  Mengen infrage.

- Magermilchjoghurt:
  Gewählt werden sollten nur laktosefreie Sorten. In zu
  großen Mengen besteht Durchfallgefahr.

Zusätzliche Leckereien

Viele Leckereien, die im Fachhandel angeboten werden, enthalten Honig, Melasse und Zucker. Damit sind sie nicht geeignet für eine tiergerechte Ernährung. Wer seinen Liebling ab und zu einmal mit etwas Besonderem verwöhnen möchte, sollte zurückgreifen auf:

- Nüsse und Kerne

- Erbsenflocken, Ackerbohnenflocken sowie

- Obststückchen

Zusätzliche Vitamine, Mineralsteine und Salzlecksteine

Sie werden bei einer abwechslungsreichen Ernährung nicht benötigt. Unter Umständen können sie auf Dauer sogar schaden. Lediglich bei Krankheit können Zusatzpräparate vorübergehend sinnvoll sein. Die Vergabe muss dann jedoch mit dem Tierarzt beziehungsweise der Tierärztin abgesprochen werden.

Wassergabe

Bei allen Hamsterarten gehört eine Wasserflasche oder ein Wassernapf in das Gehege. Der Wasserbedarf ist bei Zwerghamstern nicht sehr hoch und wird meist schon durch das gereichte Frischfutter abgedeckt. Dennoch muss jedem Tier immer Wasser zur Verfügung stehen. Nur so können sie bei plötzlichem Wetterumschwung, bei zu trockener Heizungsluft oder bei einem Infektions-Beginn unverzüglich etwas trinken. Außerdem gilt es, das Wasser täglich zu wechseln. Die Wasserqualität sollte weich sein.

Am besten eignet sich Leitungswasser. Gefiltert sollte es nur sein, wenn die Wasserqualität zu hart ist, das Wasser vom Wohngebiet mit Keimen belastet ist oder der Nager unter einer Nierenerkrankung leidet.

Wer Mineralwasser verwenden möchte, muss auf einen geringen Nitratgehalt Acht geben. Außerdem ist zu bedenken, dass Mineralwasser mehr mit Schadstoffen belastet sein kann, als Leitungswasser. Insbesondere ist darauf zu achten, dass es sich beim gereichten Wasser nur um stilles Wasser handeln darf. Alles in allem ist Mineralwasser für Zwerg-hamster darum nur bedingt zu empfehlen.

Vom Nagertrank oder Regenwasser ist hingegen komplett abzusehen, denn Nagertrank beinhaltet häufig viele Zusatzstoffe und ist bei Überlagerung mit Keimen belastet. Auch Regenwasser ist sehr unsauber. Es enthält Schadstoffe, wie zum Beispiel Autoabgase, die in der Luft schweben und mit dem Regen ausgewaschen werden.

Was darf alles nicht gefüttert werden?

Je nach Hamsterart und eventuellen Erkrankungen (wie zum Beispiel Diabetes) dürfen einige Nahrungsmittel nicht oder nur bedingt gegeben werden. Für Dsungaren, Campbell-Zwerghamster, Hybriden sowie Diabetikerhamster sind dies besonders:

- Hafer

- Rote Bete

- Fenchel

- Möhren

- Kohlrabi

- Sellerie

- Pastinaken

- Petersilienwurzel

- Kürbis

- Bruchmais

- ungezuckerte Cornflakes

- rohe Nudeln

Auf folgende Produkte sollte bei allem Hamsterarten verzichtet werden oder nur eine eingeschränkte Fütterung stattfinden:

- trockene Früchte:

  Rosinen, Äpfel, Hagebutten und Birnen enthalten zu viel Zucker.

- getrocknete Exotenfrüchte:

  Durch Mango und Papaya können Magen und Darm gereizt werden. Auch sind diese Früchte viel zu süß.

- gedüngtes Futtergras:

  Das Gras von konventionell genutzten Feldern ist meist mit Pflanzenschutzmitteln belastet. Das macht es zu nährstoffreich und somit auch giftig. Besser ist Gras von ungedüngten Wiesen.

- giftige Pflanzen, Kräuter, Blüten und Blätter:

  Nicht oder nur selten verfüttert werden dürfen unbehandelte Aloe Vera, Agave, Azalee, Bärenklau, Bärlauch, Berglorbeer, Blauregen, Bohnen, Buchsbaum, Blätter von Steinobstbäumen, Efeu, Eisenhut, Essigbaum, Farne, Fensterblatt, Gartenwicke, Fingerhut, Geranien, Goldregen, Gundermann, Hartriegel, Heckenkirsche, Hundspetersilie, Holunder, Herbstzeitlose, Jakobsgreiskraut, Kalla, Kirschlorbeer, Kartoffelkraut, Liguster, Lilien, Lebensbaum, Maiglöckchen, Mistel, Oleander, Osterglocke, Narzissen, Primel, Sauerklee, Schachtelhalm, Schierling, Schneeglöckchen, Seidelbast, Sommerflieder, Stechapfel, Wacholder, Wunderstrauch und Zypressenwolfsmilch.

- einige Zweige:
  Edeltanne, Weißtanne, Fichte, Rottanne, Thuja, Zypressen, Eibe, Weide, Kastanie und Zweige mit Blättern von Steinobst.

- Zwiebelgewächse (Zwiebeln, Porree, Schnittlauch)

- sämtliche Kohlarten:
  Sie sollten nur in geringen Portionen verfüttert werden, denn sonst führen sie zu Blähungen.

- rohe Hülsenfrüchte (Bohnen, Linsen)

- rohe Kartoffeln

- Kartoffeltriebe, Kartoffelgrün und grüne Stellen an den Kartoffelknollen:
  Sie sind giftig, da sie Solanin enthalten.

- Rettich und Rharbarber:
  Diese Pflanzen sind schwach giftig.

- Auberginen:
  Sie enthalten, wie die oben genannten grünen Kartoffeltriebe, zu viel Solanin.

- Steinobst:
  Die Früchte des Steinobstes enthalten zu viel Zucker und führen in Verbindung mit Wasser oft zu Durchfall. Außerdem enthalten die Steine der Früchte Blausäure.

- rohes Fleisch

- Fleischersatzprodukte für Veganer

- Brot:

  Die Pflanzenstärke von Brot ist zu leicht verdaulich.
  Auch besitzt Brot Zutaten wie Zucker, Gewürze, Salz
  und vieles mehr.

- Leckereien aus dem Fachhandel:

  In ihnen befindet sich zu viel Zucker, Honig oder Melasse.

Diese Liste mit schlecht verträglichem oder sogar tödlichem
Futter ist lediglich eine Richtlinie. Sicher gibt es noch wie-
tere Pflanzen oder angebotene Nahrung aus dem Fachhandel, die Zwerghamstern unter Umständen schaden können.
Wer sich nicht sicher ist, ob das Futter giftig ist oder nicht,
sollte lieber beim Altbewährten bleiben.

So wird die Tierhaltung beendet

Irgendwann kommt möglicherweise einmal der Punkt, an dem es um die Beendigung der Tierhaltung oder um die Abgabe von einzelnen Tieren geht. Die möglichen Gründe hierfür können sehr unterschiedlich sein. Vielleicht passen die Tiere nicht mehr zum Lebensstil? Oder es geht allmählich das Interesse an ihnen verloren? Auf alle Fälle gibt es zum Abgeben verschiedene Möglichkeiten.

Spezialisierte Notaufnahmen und private Pflegestellen
Über Google können landesweit Adressen von Kleintierhilfen ausfindig gemacht werden. Hier leben die Tiere unter guten Bedingungen und werden nur unter Anwendung strenger Richtlinien weitervermittelt. Die Helfer sind gut qualifiziert. Dafür sind die Kapazitäten lediglich begrenzt. Außerdem handelt es sich hierbei um ehrenamtlich arbeitende Tierfreunde. Ein freundlicher Umgangston und eine kleine Spende als Dankeschön sind also angemessen.

Tierheim
Tierheime, die staatlich gefördert werden, nehmen zu den bekannten Geschäftszeiten meistens auch Kleintiere auf. Sie versorgen und vermitteln sie. Bei Abgabe ist allerdings eine kleine Gebühr fällig. Außerdem ist es ratsam, dass sich das Tierheim auf Kleintiere spezialisiert hat. Sonst ist es möglich, dass die Zwerghamster nicht ihrem Bedürfnis entsprechend versorgt werden.

Eigene Vermittlung

Wer sein Tier selber vermitteln möchte, muss etwas Aufwand und Zeit einplanen. Dafür weiß der Halter beziehungsweise die Halterin dann auch, wo genau der Nager ein neues Zuhause gefunden hat. Als Vermittlungsmöglichkeiten stehen außerdem zur Verfügung:

- Zwerghamster-Foren

- Zwerghamster-Gruppen in sozialen Medien

- Anzeigenmärkte online

- Aushang in Geschäften

- Private Kleintiervermittler

- Zeitungs- und Zeitschriftenanzeigen

Gerade bei Letzteren ist jedoch Vorsicht geboten, denn hier melden sich nicht nur gute Tierhalter beziehungsweise Tierhalterinnen, sondern ebenso Reptilienzüchter. Gerne erzählen Reptilienzüchter von guten Haltungsbedingungen und anderen Unwahrheiten. Darum ist es wichtig, die Tiere immer selber in das neue Zuhause zu begleiten. Nur so kann sich ein ausreichendes Bild von der Haltung gemacht werden.

Auch sollte bei jeder Vermittlungsvariante ein kurzer Text mit folgenden Angaben formuliert werden:

- Ort und Umkreis mit Postleitzahl

- Welche Voraussetzungen müssen in dem zukünftigen Zuhause, etwa bezüglich des Futters oder der Gehegegröße, erfüllt werden.

- Preis: Jedes Tier ist wertvoll und benötigt einen angemessenen Preis. Außerdem sind gute Halter und Halterinnen auch bereit, für den Erwerb eines Hamsters zu zahlen.

- Welches Zubehör kann mit erworben werden?

- Geburtsdatum. Manchmal werden speziell Jungtiere oder auch gerade ältere Tiere gesucht.

- Besonderheiten, wie zum Beispiel Vorerkrankungen, Kastration und bestehende Erkrankungen.

Ebenso darf ein Foto von dem angebotenen Zwerghamster nicht fehlen. Einige Menschen können auf diese Weise gleich feststellen, ob ihnen der Nager sympathisch ist oder nicht.

So darf die Tierhaltung nicht beendet werden

Obwohl es genügend Möglichkeiten gibt, die Tiere abzugeben, greifen manche Halter beziehungsweise Halterinnen auf illegale und unmenschliche Weisen zurück.

Damit ist zum Beispiel das Töten gemeint. Ursache dafür ist manchmal einfach Faulheit oder zum Beispiel falsch verstandene Tierliebe. Zumindest ist das Töten eines Tieres ohne einen vernünftigen Grund nach dem Tierschutzgesetz streng verboten. Auch gute Tierärzte töten natürlich Tiere nicht grundlos. Nur dann, wenn der Nager schwer krank ist und dadurch dem Sterben sehr nah ist, darf er durch den Tod erlöst werden.

Sinnlos ist es außerdem, Tierschützer zu erpressen. Wer droht, das Tier zu töten, wenn es nicht aufgenommen wird, gibt nicht nur eine Drohung ab. Auch erfüllt er den Tatbestand der Nötigung. Das kann polizeilich geahndet werden.

Aber selbst das Tier einfach auszusetzen, ist keine Lösung. In den meisten Fällen bedeutet es für den Zwerghamster den Tod. Schließlich sind die Heimtiere an den Bedingungen von draußen nicht angepasst. Sie verhungern, erfrieren oder gelangen an Fressfeinde wie Katzen. Sterben sie nicht, verfälschen sie möglicherweise die Fauna hierzulande (sogenannte Faunenfälschung). Darum ist das Aussetzen auch vom Tierschutzgesetz (TierSchG §3 Abs. 4) verboten. Aussetzen von Heimtieren kann den Tatbestand einer Ordnungswidrigkeit erfüllen und mit einem 5-stelligen Bußgeld geahndet werden. Aus diesem Grund ist es sehr wichtig, dass Fundtiere unverzüglich der Polizei gemeldet werden.

Es muss dabei mitgeteilt werden, wo und wie (am besten mit Foto) das Tier gefunden wurde. Nur somit ist es überhaupt möglich, dass der Aussetzer zur Verantwortung gezogen werden kann. Auch fallen aufgefundene Zwerghamster sowie alle anderen gefundenen Tiere unter das Fundrecht. Sie müssen darum dem Besitzer beziehungsweise der Besitzerin zurückgegeben werden. Wer die Absicht hegt, den Findling zu behalten, muss dies der Polizei sowie den umliegenden Tierheimen mitteilen. Immerhin ist es möglich, dass das Tier abgehauen ist und nicht ausgesetzt wurde. Sollte der Besitzer beziehungsweise die Besitzerin nicht ausfindig gemacht werden können, darf der Finder oder die Finderin es bei Wunsch oftmals gerne behalten. Es zählt dann aber erst nach 6 Monaten zum Eigentum.

Krankheiten und Tierarztbesuche

Auch bei guter Haltung kann ein Zwerghamster krank werden. Die Tiere zeigen ihre Krankheit dabei aber nicht. So gehen sie, wie gewohnt, ihre Reviergrenze ab, kommen zum Futternapf und verhalten sich ganz normal. Erst im fortgeschrittenen Krankheitsstadium nehmen die Krankheitsanzeichen deutlich zu. Um nun die Krankheit noch erfolgreich zu behandeln, ist es meist schon zu spät. Darum ist es wichtig, das Haustier immer gut zu beobachten. Nur so können krankhafte Veränderungen rechtzeitig bemerkt werden. Hierfür ist ein täglicher Gesundheitscheck von großer Bedeutung. Folgende Fragen sollten deshalb bei jedem Gesundheitscheck beantwortet werden:

- Kommt der Zwerghamster zum Frischfutternapf? Sucht er sein Futter im Gehege?

- Sind seine Bewegungen normal?

- Wacht er zur gewohnten Zeit auf?

- Interessiert er sich für seine Umgebung?

Besteht bei einer dieser Fragen Zweifel, muss man den Nager genauer beobachten. Hierzu ist es angebracht, dass das Tier vorsichtig in eine durchsichtige Transportbox gesetzt und von allen Seiten gut betrachtet wird. Außerdem sollten bei zahmen Zwerghamstern die nachstehenden Untersuchungen vorgenommen werden:

- Ohrenbetrachtung: Sind die Ohren sauber und frei von Schorf?

- Augen ansehen: Sie sind idealerweise glänzend, gleich groß sowie sauber.

- Gewichtskontrolle: Das Tier wird gewogen und sein Gewicht notiert. Zappelige Nager kommen dazu in eine Transportbox. Deren Gewicht ohne Zwerghamster wird anschließend von dem gewogenen Gewicht mit Zwerghamster abgezogen.

- Schneidezähne überprüfen: Im Normalfall stehen sie so zueinander, dass sie sich gut abnutzen können. Auch ist ihre Vorderseite leicht gelblich.

- After begutachten: Er darf keine verklebten Stellen aufweisen.

- Felluntersuchung: Das Fell wird vorsichtig gegen den Strich gestreichelt. Es ist unter anderem auf kahle Stellen und Läsionen achtzugeben. Außerdem müssen bei Chinesischen Zwerghamstern die Seitendrüsen beachtet werden. Hier findet häufig eine Verwechslung mit Tumoren statt.

- Den Zwerghamster komplett abtasten: Das Abtasten geschieht natürlich behutsam. Zudem wird auf Verdickungen, Aufgasungen sowie Tumore geachtet.

Krankheitsanzeichen und was sie bedeuten

Verschieden Krankheiten können unterschiedliche Ursachen besitzen. Einige Krankheitsandeutungen sind:

Gewichtsverlust

Gewichtsschwankungen bis zu 2 g pro Woche sind normal. Nimmt das Tier jedoch immer weiter ab, steht es möglicherweise stark unter Stress oder ist es krank. Zudem wird der Gewichtsverlust oftmals durch einen längeren Schwanz bemerkt. Allerdings wirkt der Schwanz nur deshalb länger, weil sich die Fettschicht um ihn herum abbaut und er damit länger erscheint.

Gewichtszunahme

Ein Zwerghamster darf nicht zu dickgefüttert werden. Seine Beine sollten zu sehen sein und er muss einen festen Körperbau haben.

Fell ist kahl oder schorfig und es wird vermehrt gekratzt

Dieses Verhalten ist oft ein Anzeichen für Pilz-, Milben- oder Parasitenbefall. Auch ein hohes Alter kann sich dahinter verbergen oder der Hamster ist gerade erst aufgestanden. Vielleicht wird auch der falsche Badesand verwendet.

abgebrochene oder zu lange Schneidezähne
Die Zähne müssen so stehen, dass sie sich gut abnutzen können. Ihre Vorderseite ist typischerweise gelborange. Bei zu langen Zähnen müssen mehr Zweige zum Abnagen angeboten werden. Eventuell ist auch ein tierärztlicher Eingriff nötig. Bei einem abgebrochenen Zahn muss das Tier beobachtet werden. Frisst es normal weiter, kommt alles wieder von alleine in Einklang. Sonst ist auch hier ein Tierarztbesuch notwendig.

Augen haben sich verändert
Alle Augenveränderungen weisen auf eine Erkrankung hin. Das Tier muss tierärztlich untersucht werden.

Schorf in der Mundumgebung
Dies ist ein Anzeichen für Lippengrind sowie für einen Pilz- oder Parasitenbefall.

verklebte, feuchte Nase und Tier niest mit Aktivitätsverlust und starker Flankenatmung
Der Nager leidet unter einer Atemwegserkrankung.

Backentaschen werden nicht befüllt, entleert und riechen streng
Vielleicht sind die Backentaschen verklebt, entzündet oder verstopft.

schuppige, verklebte Ohren mit Kopfschiefhaltung

Es kann eine Infektion, ein Pilzbefall beziehungsweise ein Parasitenbefall dahinter stecken.

schmutziger und verklebter After mit weichen und matschigen Kötteln

Dies deutet meist auf Darmprobleme hin.

geschwollene Hoden

Sie sind insbesondere im Sommer völlig normal und müssen lediglich auf Abszesse kontrolliert werden.

Blut im Urin

Dies ist ein Anzeichen für eine Blasen- oder Nierenerkrankung und muss tierärztlich behandelt werden. Vielleicht wurde dem Tier auch nur Futter gereicht, das den Urin rötlich färbt.

Scheidenausfluss

Scheidenausfluss mit anderen Krankheitsanzeichen kann auf eine Gebärmutterentzündung hindeuten. Ein Tierarztbesuch ist unumgänglich.

Nur wenn der Scheidenausfluss während der Empfängnisbereitschaft als durchsichtiger Schleim erfolgt und am nächsten Tag zäh, dicklich und gelblich wird, ist es unbedenklich.

verstärktes Trinken und Urinieren

Der Zwerghamster leidet möglicherweise unter Diabetes.

Tumore

Bei Verdickungen ist sofort der Tierarzt oder die Tierärztin aufzusuchen.

harter, runder und angespannter Bauch mit Inaktivität sowie starker Flankenatmung

Dies deutet auf eine Fehlgärung hin. Das Tier muss tierärztlich untersucht werden.

zu lange, krumme Krallen

Hier schafft ein Ytongstein im Gehege Abhilfe. Der Stein muss so liegen, dass der Hamster über ihn zum Futter laufen muss.

Aktivitätsverlust mit starker Flankenatmung, Futterverweigerung und Seitenlage

Im Sommer ist es ein Anzeichen für einen Hitzschlag. Auch können diese Symptome auf eine Infektion oder andere Erkrankung hinweisen. Der Zwerghamster muss sofort zum Tierarzt oder zu einer Tierärztin.

Allergien

Kratzen, Niesen, Durchfall, schnelle oder schwache Atmung sowie langsames Wachstum bei Jungtieren hän-gen meist mit einer Allergie zusammen. Zuvor müssen jedoch alle anderen Erkrankungen ärztlich ausgeschlossen werden können.

Anzeichen für die Alterung von Zwerghamstern
Einige Krankheitsanzeichen können auch auf eine normale Alterung zurückgeführt werden.

mehr Schlaf:
Ein erhöhtes Schlafbedürfnis deutet auf ein höheres Alter des Zwerghamsters hin. Es kann aber auch jahreszeitlich- oder krankheitsbedingt bestehen.

Langsamkeit, Orientierungslosigkeit, keine Benutzung mehr von Etagen:
Dies hängt ebenso mit dem Alter oder mit einer Demenzerkrankung zusammen. Es kann aber auch auf andere Erkrankungen hindeuten.

gekrümmter Rücken:
Dies ist entweder ein Anzeichen für ein zu kleines Laufrad oder für eine altersbedingte Spondylose beziehungsweise Sehnenverkürzung.

Gewichtsabnahme
Eine schnelle Gewichtsabnahme bedeutet meist Krankheit. Eine schleichende Gewichtsabnahme kann wiederum mit einer Erkrankung oder mit dem Alter zusammenhängen.

Fellverlust oder struppiges Fell
Beides kann krankheits- oder altersbedingt sein.

Zähne
Im Alter können die Zähne leichter abbrechen, da die
Tiere eventuell mangelernährt sind. Stark abgenutzte
Backenzähne können bei falscher Ernährung selbst bei
jüngeren Zwerghamstern auftreten.

Wie beschrieben, kann jedes Altersanzeichen auch ein
Krankheitsanzeichen sein. Darum ist eine tierärztliche
Untersuchung auf alle Fälle durchzuführen. Hilft keine
Therapie, nimmt der kleine Nager kein Futter mehr auf
und geht es ihm immer schlechter, sollte er zudem
nicht mehr als nötig leiden müssen. Besser ist es dann,
ihn durch Einschläfern frühzeitig zu erlösen.

Tierarztwahl und Tierarztbesuche

Nicht alle Tierärzte beziehungsweise Tierärztinnen können
Zwerghamster richtig behandeln. Darum sollte schon vor
einer Erkrankung eine geeignete Anlaufstelle gesucht werden. Hierbei darf der Arzt oder die Ärztin ruhig nach den
Hamster-Kenntnissen gefragt und das Verhalten beobachtet
werden. Erfolgt eine gründliche Untersuchung, bevor die
Diagnosestellung zustande kommt? Wird außerdem erklärt,
was gemacht wird, welche Krankheit besteht und wie die
Heilungschancen aussehen? Geht der Arzt beziehungsweise
die Ärztin genauer auf Medikamente ein? Ist bei der Untersuchung das Gefühl des Besitzers oder der Besitzerin insgesamt positiv? Falls alle Fragen bejaht werden können, ist der
richtige Ansprechpartner gefunden. Anderweitig wäre es

besser, einen anderen Facharzt oder eine andere Fachärztin aufzusuchen.

Für den Tierarztbesuch selber gilt, dass die Nager in einer Transportbox aus Kunststoff untergebracht werden. Die Box muss aber so groß sein, dass sie den Hamster samt dessen Nest bequem beherbergen kann. Auch muss die Box dunkel (mit einem Tuch abhängen) und gut belüftet sein. Nur unter bestimmten Umständen sind durchsichtige Transportboxen für den Besuch geeignet, denn in ihnen geraten die Zwerghamster schnell unter Stress. Dafür können sie vor Ort aber gut begutachtet werden. Außerdem benötigt die Transportbox eine große Öffnung. Auch wird in die Box Streu eingebracht und ein Teil vom Hamsternest mitgenommen. Wegen der gewohnten Gerüche bietet das Hamsternest dem Hamster nämlich etwas Sicherheit. Nicht zu vergessen ist natürlich auch etwas Futter, im Sommer vor allem wasserhaltiges Frischfutter. Auch muss gerade im Sommer der Transportweg so kurz wie nur möglich ausfallen. Diealerweise findet der Transport nur abends oder morgens statt. Muss dennoch einmal bei großer Hitze gefahren werden, ist eine gute Klimatisierung wichtig. Auch sollte dem Tier ständig Wasser aus einer Wasserflasche zur Verfügung stehen. Dagegen ist im Winter eine Wärmflasche notwendig, damit der tierische Freund nicht auskühlt. Man sollte vor jedem Tierarztbesuch einen Zettel erstellen, auf dem folgende Fragen und Fakten notiert sind:

- Alter und Gewicht des zu behandelnden Tieres

- Erkrankungen und Vorerkrankungen

- Warum steht der Tierarztbesuch an? Was wurde alles beobachtet?

- Wurden eigene Medikations- und Heilungsversuche unternommen?

- Welche Medikamente bekommt das Tier oder welche hat es bekommen?

Nachdem die Diagnose gestellt wurde, sollte sich vor Ort zudem noch notiert werden:

- Genaue Diagnose

- Behandlung und Medikamente mit Namen, Wirkungsweise, Anwendungsdauer und Anwendungsmenge

- Muss das Medikament gespritzt werden?

- Sind weitere Pflegemaßnahmen und/oder Tierarztbesuche nötig, wenn ja, welche beziehungsweise wann?

- Wann tritt voraussichtlich eine Besserung ein?

- Wie wird die Erkrankung weiterhin verlaufen?

- Wann liegen die Ergebnisse von vielleicht abgenommenen Proben vor?

Medikamente geben

Ein krankes Tier ist häufig auf Medikamente angewiesen. Eine Frage dabei ist, wie diese dem Nager gegeben werden. Tabletten werden am besten zerdrückt verabreicht. In zerdrückter Form werden sie oder die Tropfen, Pasten und Pulver mit etwas Marmelade, Saft oder Früchtemus auf einem Löffel angeboten. Von Milchprodukten, wie zum Beispiel Joghurt, ist hingegen bei der Verabreichung von Antibiotika abzuraten. Nimmt das Tier nichts von dem Löffel, muss das Medikament mit einer nadellosen Spritze direkt in den Mund gespritzt werden. Hierfür ist es notwendig, Tabletten zuvor in Wasser, Saft oder Tee aufzulösen. Außerdem muss das Tier fixiert und die Spritze vorsichtig, seitlich hinter die Vorderzähne geschoben werden. Gleich danach wird dem Nager über den Hals gestreichelt, was den Schluckreflex auslöst.

Bei alledem muss noch beachtet werden, dass Medikamente niemals über das Trinkwasserschälchen gegeben werden sollten. In einigen Fällen wird allerdings leider immer noch die Medikamentengabe über das Trinkwasser empfohlen. Viele Zwerghamster trinken aber nicht viel und nehmen deshalb von dem Wirkstoff zu wenig oder gar nichts auf.

Bei Salben muss beachtet werden, dass die Tiere sie möglicherweise gleich wieder ablecken. Um dies zu verhindern,
sollten sie nach dem Einsalben noch lange auf dem Schoß
gehalten und mit Futter oder Spielen abgelenkt werden.

Auch dürfen Medikamente als Spot oder zur oralen Ein-
nahme niemals direkt aus der Tube oder Spritze verabreicht
werden, da die Dosierung auf diese Weise nur ungenau
möglich ist. Besser ist es, eine zweite Spritze mit Nadel zu
verwenden. Mit ihr wird die benötigte Medikamentenmen-
ge aufgezogen. Danach kommt die Kappe wieder auf die
Nadel, die nun vorsichtig abgezogen wird. Danach kann das
Medikament mit der Zweitspritze verabreicht werden.

Was muss vor einer Operation al-
les bedacht werden?

Es kann vorkommen, dass ein Zwerghamster operiert werden muss. Dabei ist die Vorbereitung sehr wichtig. Sinnvollerweise sollte das Tier schon einmal erfahren, wie es ist,
mit weniger Platz, ohne Einstreu und stattdessen auf Tü-
chern zu leben. Zum Nestbau werden vor der Operation nur
noch unbedrucktes Papier und wasserlösliche Taschentü-
cher oder ebensolches Toilettenpapier angeboten. Außerdem bekommt der Zwerghamster am Abend vor der Operation vorerst zum letzten Mal Frischfutter. Trockenfutter
muss hingegen immer ausreichend vorhanden sein. Weil
Hamster sich nicht erbrechen können, dürfen sie vor der

Operation nicht ausgenüchtert werden. Im Gegenteil: Eine Ausnüchterung würde zu starken Verdauungsstörungen führen.

Was muss nach der Operation alles bedacht werden?

Nach der Operation muss das Tier auf einem Wärmekissen gelagert werden. Sollte der Tierarzt oder die Tierärztin keines zur Verfügung stellen, muss ein Eigenes verwendet werden. Auch muss der Nager erst wieder vollständig aus der Narkose erwacht sein, bevor er wieder mit nach Hause darf. Anderweitig kann es zu Komplikationen kommen, womit der Besitzer oder die Besitzerin möglicherweise überfordert ist. Ist das Tier schließlich munter, muss es auf dem Nachhauseweg gut gewärmt werden. Dies geschieht mit einer handwarmen Wärmflasche, die mit einem Handtuch umwickelt ist, in der Transportbox. Zu Hause angekommen, sollten das Sandbad sowie die Einstreu schon komplett aus dem Gehege entfernt sein. Auch sind Handtücher ausgelegt, auf denen der Nager nun noch etwa eine Woche lang lebt. Natürlich muss die Wunde jeden Tag kontrolliert werden. Zieht sich der Zwerghamster eigenständig die Fäden, sind Entzündungen zu sehen, beginnt die Wunde zu bluten oder leidet das Tier sichtlich unter Schmerzen, so steht unverzüglich ein neuer Tierarztbesuch an.

Erkrankungen der Augen

Ab und zu können Zwerghamster an Augenentzündungen erkranken.

Folgende Symptome sind hierbei möglich:

- milchiger beziehungsweise wässriger Ausfluss

- Verklebungen um das Auge herum

- Verkrustungen im Fell um die Augen

- das Fell um die Augen herum ist nass

- Auge schwillt zu

- gerötete Augenräder

- am Auge befinden sich getrockneter Ausfluss und/ oder kahle Stellen.

So kann die Behandlung aussehen:
Die beiden Augen mit einer Lupe untersuchen und miteinander vergleichen. Sind beide Augen betroffen, liegt möglicherweise eine Infektion vor. Ist nur ein Auge betroffen, ist es vielleicht eine Augenverletzung. Verklebungen hingegen müssen vorsichtig mit einem angefeuchteten Kosmetik- oder Taschentuch entfernt werden. Hierbei wird eine schwache Kochsalzlösung (in der Apotheke kaufen und nicht selber mixen) verwendet. Insbesondere ist für eine Reinigung auf gar keinen Fall Watte oder Kamille zu verwenden. Die Watte fasert und reizt damit die Augen. Die Kamille trocknet sie wiederum aus und wirkt reizend auf die

Schleimhäute und Augen-Hornhaut. Außerdem muss vor der Reinigung sichergegangen werden, dass sich kein Fremdkörper im Auge befindet. Sollte dies allerdings der Fall sein, ist sofort ein Tierarzt oder eine Tierärztin aufzusuchen. Das Gleiche gilt bei bakteriellen Infektionen. Je nach Erkrankung verschreibt der Tierarzt beziehungsweise die Tierärztin zum Beispiel folgende Medikamente:

- Floxal®,

- Gentamycin®,

- Gentamycin- POS Augentropfen

- Posifenicol®

Erkrankungen der Backentaschen

Folgende Symptome sind bei Backentaschenproblemen möglich:

- Backentaschen werden nicht mehr gefüllt oder entleert.

- Tier wirkt inaktiv, lustlos und betreibt keine Fellpflege.

- Eine oder gar beide Backentaschen sind ständig komplett gefüllt.

- Der Hamster ist unruhig.

- Der Nager streicht sich vermehrt über die Backentaschen.

- Es findet keine Futtersuche sowie keine Futtersammlung mehr statt.

- Die Nahrungsaufnahme nimmt ab.

- Das Tier verliert an Gewicht.

- Der Zwerghamster riecht aus dem Mäulchen sehr unangenehm.

- Der Kopf wird schief gehalten und es gibt Gleichgewichtsprobleme.

- Es tränen die Augen.

- Die Mundumgebung ist feucht und filzig.

Die Ursachen für obige Backentaschenprobleme können sein:

- Durch Stress befindet sich zu viel Futter in den Backentaschen, so dass sich Futterklumpen bilden.

- Es befinden sich zu große Futterstückchen in den Backentaschen.

- Backentaschen sind durch zuckerhaltige oder honighaltige Nahrung verklebt.

- Ungeeignetes Nistmaterial (Hamsterwatte oder Stoffreste) haben sich um die Vorräte in den Backentaschen gewickelt.

- Backentaschen sind verletzt (etwa durch spitze Getreidekörner oder zu kleine Häuseröffnungen).

So kann die Behandlung aussehen:

Hat das Tier Backentaschenprobleme, muss es zum Tierarzt oder zur Tierärztin gebracht werden. Die gefüllten Backentaschen sollten nicht vom Besitzer oder von der Besitzerin geleert werden, es sei denn, es handelt sich um eine absolute Notsituation. Hierzu wird das Tier gut auf der Hand fixiert. Der Daumen, der kleine Finger sowie der Ringfinger umfassen es am Körper. Zeige- und Mittelfinger fixieren den Kopf. Nachdem das Tier fixiert ist, werden die Backentaschen ertastet. Wird ein harter Klumpen erspürt, muss er durch vorsichtiges Drücken gelockert werden. Dies geschieht immer von hinten in Richtung zum Mund. Klappt dies nicht, sollte vorsichtig in den Mund hineingegriffen werden. Danach sollte erneut auf die Backentaschen gedrückt werden. Gelingt dies immer noch nicht oder wehrt sich der Hamster sehr, darf der Vorgang sinnvollerweise nicht wiederholt werden. Nun muss zwingend ein Arzt oder eine Tierärztin konsultiert werden.

Auch bei Entzündungen muss der Tierarzt oder die Tierärztin helfen. Meist wird dann ein Antibiotikum eingesetzt. Begleitend dazu ist es hilfreich, 1 bis 2 Mal täglich die Backentaschen mit Kamille auszuspülen. Auch sollte zusätzlich zum Trinkwasser Kamillentee angeboten werden. Eventuell muss der kleine Nager einige Tage zwangsernährt werden, sollte er nicht von alleine fressen.

Erkrankung an Diabetes

An Diabetes können Menschen sowie Tiere erkranken. Bei der Erkrankung ist der Zuckerstoffwechsel gestört. Um den Zucker (Glukose) im Blut abzubauen, sind im Normalfall zwei Hormone vonnöten. Das Glucogan soll den Blutzuckerspiegel ansteigen lassen, während Insulin als Antagonist den Blutzuckerspiegel reduziert. Auch ist das Insulin dafür verantwortlich, dass der Glukose weiterverarbeitet wird. Bei Diabetes ist dieses ausgewogene Zusammenspiel jedoch gestört. Wird zu wenig Insulin im Zwerghamster hergestellt, so steigt der Blutzuckerspiegel dauerhaft an. Folglich gibt es viel nicht ausreichend umgewandelte Glukose, wodurch es zu einer eingeschränkten Energieerzeugung kommt. Insulinmangel führt außerdem zu Störungen im Kaliumhaushalt sowie im Fettstoffwechsel.

Schließlich muss bedacht werden, dass es bei Diabetes zwei verschiedene Typen gibt.

Typ 1:

- Beim Diabetes Typ 1 handelt es sich um eine Erkrankung des Immunsystems.

- Diese Krankheit wird meistens vererbt.

- Typ 1 kommt oft bei Campbell-Zwerghamstern sowie Campbell-Hybriden vor und ist nicht heilbar.

- Versorgt den Zwerghamster-Patienten nicht mehr mit ausreichend Insulin. Um den Insulinspiegel aufrechtzuerhalten, muss der Stoff künstlich hinzugeführt werden.

- Diabetes Typ 1 macht sich beim Zwerghamster schon früh bemerkbar.

Typ 2:

- Entstehung: Die Zellen können den Blutzucker nicht mehr aufnehmen und die Bauchspeicheldrüse produziert zu viel Insulin. Dies führt zur Alterung der Bauchspeicheldrüse, sodass die Insulinausschüttung allmählich nachlässt.

- Die Veranlagung dafür ist bei einem Zwerghamster wahrscheinlich vererbt.

- Meist erkranken am Typ 2 Campbell-Zwerghamster oder Hybriden von Campbell und Dsungaren.

- Typ 2 wird durch eine zuckerhaltige Ernährung begünstigt.

- Oftmals sind die Tiere bei Eintritt der Erkrankung schon mehrere Monate oder gar über ein Jahr alt, selten jünger.

Folgende Symptome sind bei Diabetes möglich:

- vermehrtes Trinken

- weicher Kot (kann auch ein Anzeichen für Durchfall sein)

- vermehrte Futteraufnahme

- Gewichtsabnahmen, obwohl die Tiere ständig futtern

- Aktivitätsverlust oder Aktivitätssteigerung kombiniert mit Aggressionen

Die Ursachen für Typ 2 können unter anderem sein:

- zu viel zuckerhaltige Nahrung

- Vererbung

So kann die Behandlung aussehen:
Damit Diabetes erst gar nicht entsteht, ist eine gute Vorbeugung wichtig. So sollten in erster Linie nur gesunde Tiere miteinander verpaart werden. Außerdem ist auf eine ausgewogene Ernährung achtzugeben. Das Futter sollte verschiedene Futterbestandteile (vor allem Kleinsämereien) enthalten. Dazu muss den Tieren täglich frisches Gemüse, Grünfutter sowie Kräuter angeboten werden. Von stark fett- und zuckerhaltigen Futterkomponenten sollte hingegeben abgesehen werden. Hierzu zählen vor allem Leckereien aus dem Fachhandel, aber auch zu viel Obst. Deshalb sollten gerade Campbells sowie Hybriden gar kein Obst bekommen,

während es bei anderen Rassen ab und zu als Leckerei dienen darf. Ähnliches gilt für rotes Gemüse. Denn rotes Gemüse besitzt mehr Glukose und Fructose als andere Gemüsesorten. Demgegenüber sollen sich frische Keime sogar sehr vorbeugend auf Diabetes auswirken. Genauso hilft ein großes Gehege mit viel Bewegung, den Zwerg-hamster vor der Erkrankung zu schützen. Sollte dennoch Verdacht auf Diabetes bestehen, muss das Tier zum Tierarzt beziehungsweise zur Tierärztin gebracht werden.

Dort (oder zu Hause) wird ein Test mit einem Urinstreifen durchgeführt. Die Urinprobe zu bekommen, ist dabei nicht ganz einfach, denn es kann nicht einfach eine Probe aus der Pinkelecke entnommen werden. Dies würde das Ergebnis verfälschen, weil die Probe immer sehr frisch sein sollte. Sobald aber das Ergebnis da ist und alles auf eine Diabetes-Erkrankung hindeutet, erfolgt der nächste Schritt. Gemeint ist hiermit die Futterumstellung. Getrocknete Möhren und andere stark zuckerhaltige Komponenten sollten gegebenenfalls aus dem Trockenfutter entfernt werden. Auch das Verhältnis von fett- zu stärkehaltigen Sämereien sollte bei 30 zu 70 liegen. Darüber hinaus ist es angebracht, vermehrt Grünfutter sowie Blattgemüse anzubieten. Zuckerhaltige Gemüsearten sowie Knollengemüse müssen hingegen reduziert werden. Selbstverständlich sind zuckerhaltige Leckereien wie Obst, Trockenobst oder Zusatzmahlzeiten aus dem Zoofachhandel zu streichen.

Durchfall und Blähungen

Folgende Symptome sind bei Durchfall und Blähungen möglich:

- schmierige oder breiige Kotabsonderungen
- flüssige Kotabsonderungen
- unangenehmer Geruch im Gehege
- verschmutztes Fell
- runder und stark angespannter Bauch
- Teilnahmslosigkeit
- verminderte Nahrungsaufnahme
- Schmerzen
- struppiges sowie schlecht geputztes Fell

Die Ursachen für Durchfall und Blähungen können sein:

- zu schnelle Futterumstellung
- bakterielle Infektion
- Hefepilzbefall im Darm
- Vergiftung durch gespritztes oder nicht ausreichend gewaschenes Obst oder Gemüse
- nicht abgetrocknetes Obst oder Gemüse
- verschimmeltes oder anderweitig verdorbenes Trockenfutter

- feuchtes Frischfutter

- Verschlucken von Ungenießbarem wie Plastik, Katzenstreu, Giftpflanzen, chemisch behandelte Gegenstände, Zigaretten und so weiter

So kann die Behandlung aussehen:
Wie die Behandlung abläuft, ist abhängig von der Ursache. Ungewohntes Futter wird nicht mehr gegeben, bis der Kot wieder fest ist. Das Obst und Gemüse (mit Ausnahme von Knollengemüse und Gurke, wenn der Hamster an diese Nahrung gewöhnt ist) wird eventuell erst einmal ausgesetzt. Später wird es nur noch gut gereinigt und getrocknet angeboten. Außerdem ist verschimmeltes Futter durch neues Futter zu ersetzen. Hierbei müssen auch die Hamstervorräte bedacht und erneuert werden. Außerdem wird empfohlen, die Afterregion mit einem feuchten Waschlappen zu reinigen. Auch darf das Haustier nicht dehydrieren. Sollte es nicht von alleine trinken, muss mit Wasser oder Kamillentee sowie mit einer Pipette nachgeholfen werden.

Wenn der Durchfall sehr wässerig ist, persistiert und nicht zum Beispiel durch verdorbenes Futter verursacht wurde, leidet der Zwerghamster möglicherweise an einer bakteriellen Infektion oder an einem Hefepilzbefall. In dieser Situation ist ein Tierarztbesuch unerlässlich. Mit einer Kotprobe (Kot mitnehmen) kann eine genaue Diagnose gestellt werden. Anschließend werden entsprechende Medikamente verordnet. Bei Darmpilzen ist dies meist:

Nystatin als Saft. Es wird zu Beginn täglich 1 x 0,2 ml pro 100 g Körpergewicht gegeben. Auch bei schneller Besserung muss das Mittel noch mindestens 10, besser noch 14, Tage lang verabreicht werden. 6 bis 8 Wochen später wird zu einer Kontrolle vermittels einer erneuten Kotprobe geraten.

Außerdem ist es wichtig, nach einer Durchfallerkrankung die Darmflora wieder aufzubauen. Dabei hilft zum Beispiel Pro Pre Bac. Fencheltee und Kamillentee beruhigen hingegen den Magen und Darm. Baby-Karottenbrei oder auch Apfelbrei mit Vitamin C-Anreicherung wirken appetitanregend. Ähnliches gilt für gequetschte Bananen, leicht angebräunte Reibeäpfel sowie kleine Fenchelstücke. Verweigert der Zwerghamster das Futter, so muss er nach 24 Stunden zwangsernährt werden.

Erkältungskrankheiten
Folgende Symptome können bei Erkältungskrankheiten auftreten:

- häufiges Niesen

- knackende Atemgeräusche

- Nasenausfluss

- Nahrungsverweigerung mit Gewichtsabnahme

- Augenausfluss

- starke Flankenatmung

- Atemnot

Die Ursachen von Erkältungskrankheiten können sein:

- Viren und Bakterien

- Stress

- Unsauberkeit (fördert Erkrankungen)

- Sauberkeit (Wird der Käfig zum Beispiel zu häufig desinfiziert, bedeutet das für die Tiere Stress und ihre Abwehrkräfte lassen nach)

- geschlossene Gehege ohne Luftzirkulation

- Durchzug

- falsche Käfigeinrichtung wie Plastikhäuschen oder Plastikröhren, welche nur eine schlechte Luftzirkulation ermöglichen

- trockene Heizungsluft (reizt die Atemwege)

- schlechte Ernährung (Bei Mangel an Vitaminen sowie Mineralstoffen lassen die Abwehrkräfte nach)

- Zigarettenrauch und Raumdüfte

- Krankheiten (schwächen das Immunsystem)

- erkrankter Besitzer beziehungsweise erkrankte Besitzerin (Damit sich das Tier nicht ansteckt, darf die tägliche Versorgung eines Zwerghamsters bei eigener Erkältung nur mit gereinigten Händen oder Handschuhen erfolgen.)

So kann die Behandlung von Erkältungskrankheiten aussehen:

Erkältungskrankheiten können sehr vielseitig ausfallen und
Laien schätzen sie meist nicht richtig ein. Darum sollte von
einer Eigenbehandlung abgesehen werden. Der Tierarzt
oder die Tierärztin wiederum wird ein Antibiotikum verord-
nen. Dies kann etwa sein:

- Chloramphenicol. Dosierung: 2 - 5 mg pro 100 g
  Körpergewicht beziehungsweise Chloropal forte ad
  us. vet als Suspension 0,2 - 0,5 ml

- Marbofloxacin. Dosierung: Marbocyl® 2 %; Injekti-
  on; 0,1 ml pro 1 kg Körpergewicht

- Enrofloxacin: zum Beispiel Baytril® 0,5 % orale Lösung oder Injektionslösung

- Enrofloxacin: zum Beispiel Enrobactin® - Konzentrat

Das jeweilige Mittel sollte an mindestens 5 aufeinander
folgenden Tagen gegeben werden. Wirkt es nicht, muss eine
Sekretprobe im Labor die genauen Viren oder Bakterien
identifizieren. So kann ein spezifisches Antibiotikum verabreicht werden. Außerdem ist es manchmal sinnvoll, nach
Absprache mit dem Tierarzt oder mit der Tierärztin, vorübergehend Vitaminpräparate zu verabreichen. Unterstüt-
zend für den Heilungsverlauf kann auch Inhalieren mit Kräuteraufguss (Kamille, Fenchel, Thymian und/oder Lindenblü-
ten) zweimal am Tag sein. Hierfür wird der Zwerghamster in
eine Transportbox gesetzt. Die Transportbox muss mit etwas Einstreu sowie mit einem Unterschlupf ausgestattet

sein, der gut belüftet ist und über mehrere Eingänge verfügt. Anschließend wird die Transportbox über die Schale mit dem Kräuteraufguss gehalten. Auch ist es möglich, die Schale neben den Käfig zu platzieren. Dabei muss auf eine gute Luftzirkulation geachtet werden. Natürlich ist es auch möglich, sämtliche Kräuter, die zum Inhalieren verwendet werden, neben dem normalen Wasser als Tee anzubieten. Ein kranker Zwerghamster benötigt außerdem viel Wärme. Darum darf ruhig eine Rotlichtlampe aufgestellt werden. Sie sollte jedoch nur eine Gehege-Ecke und diese auch nur handwarm bestrahlen. So kann sich das Tier eigenverantwortlich aussuchen, ob es gewärmt werden will oder nicht.

Beachtenswert ist auch, dass manche Zwerghamster bei schweren Erkältungskrankheiten die Nahrungsaufnahme verweigern. Dann muss abgewogen werden, ob das Tier zwangsernährt werden soll. Eine Zwangsernährung bedeutet allerdings immer Stress für den kleinen Nager.

Sobald der Zwerghamster die Erkältungskrankheit halbwegs überstanden hat, wird seine Darmflora ziemlich angeschlagen sein. Um sie wieder aufzubauen, kann ihm Bird Bene Bac verabreicht werden. Dieses Medikament gibt es beim Tierarzt beziehungsweise bei der Tierärztin und wird 1 x pro Tag in einer linsengroßen Menge verabreicht. Die Anwendungsdauer liegt im Idealfall bei 5 bis 10 Tagen nach der Antibiotikabehandlung.

Hitzschlag

Zwerghamster vertragen hohe Temperaturen nur sehr schlecht. Schon mehr als 20 °C können zu einem Hitzschlag führen.

Folgende Symptome können bei einem Hitzschlag auftreten:

- Durch hektisches Hin- und Herlaufen und über den Versuch, sich tiefer einzubuddeln, zeigt der Hamster, dass es ihm zu warm ist.

- völlige Teilnahmslosigkeit

- Tiere liegen auf der Seite

- schnelle und flache Atmung

- Flankenatmung

- schneller, schwacher, fühlbarer Puls

Die Ursachen für einen Hitzschlag können sein:

- Temperaturen von über 20 °C

- Gehege steht in sonniger Lage, ohne Schatten

- Tiere sind zu dick oder überfüttert

- Tiere sind alt oder trächtig

- lange Fahrten bei starker Hitze

So kann die Behandlung bei einem Hitzschlag aussehen:
Bei einem akuten Hitzschlag muss der Zwerghamster in ein kühles Handtuch gewickelt werden. Auch ist ihm Flüssigkeit einzuflößen und seine Füße in kühles (nicht zu kaltes) Wasser zu halten. Anschließend ist unverzüglich der Tierarzt oder die Tierärztin aufzusuchen. Damit darf nicht erst bis zum nächsten Tag gewartet werden, denn sonst könnte der Hamster in dieser Zeit sterben.

Damit kann einem Hitzschlag vorgebeugt werden:

- Käfig im Sommer an einen kühlen Ort stellen

- Gehege zum Teil mit kühlenden Steinplatten, Kacheln oder Keramiktellern auslegen

- zusätzliches Sandbad mit feuchtem Sand anbieten

- Kühlakku in ein Handtuch einwickeln und auf das Gitter der einen Gehegeseite legen

- Transporte auf die Morgen- oder Abendstunden verlegen und nur in klimatisierten (aber auch nicht zu kalten) Fahrzeugen durchführen

- wasserhaltiges Frischfutter anbieten

- Wasser anbieten (Wasser muss ja sowieso immer im Gehege sein)

- Tiere auf eine energieärmere Ernährung umstellen

- keine Ventilatoren auf das Gehege richten, sie kühlen nämlich nicht die Luft (auch wenn es sich für
  Menschen so anfühlt). Stattdessen werden die Tiere nur vom Ventilatorwind ausgetrocknet.

Erkrankung an Lippengrind

Lippengrind erkennt man beim Zwerghamster an den schor-
figen Veränderungen an den Lippen und im Bereich der
Mundwinkel.

Die Ursachen für Lippengrind können sein:

- Kleine Verletzungen an den Lippen oder an den
  Schleimhäuten durch Mangel an Vitamin C, essen-
  ziellen Fettsäuren oder Pantothensäuren. An Lippen
  und Mundwinkel setzen sich Bakterien ab und verursachen anschließend eine Entzündung.

- Stress

- Fehlernährung

- Speisereste, die sich zwischen den Zähnen befinden

So kann die Behandlung aussehen:
Durch Tupferproben kann fachärztlich eine Keimbesiede-
lung nachgewiesen werden. Steht die Diagnose fest, werden
meist Medikamente oder Salben mit Vitamin A verwendet,
zum Beispiel Jodglycerol, Antibiotika oder Chemotherapeu-
tika. Zudem ist nun eine besonders Vitamin A- und C-haltige
Ernährung wichtig. Diese Vitamine liegen konzentriert meist

in Frischfutter vor, weshalb Zusatzpräparate nur selten darüber hinaus nötig sind. Außerdem sollte dem Tier während
der Behandlung Ruhe gegönnt und keine Fruchtsäuren verfüttert werden. Zudem kann Sonne die Heilung fördern.

Leidensdruck durch Parasiten und Pilze
Zwerghamster können unter verschiedenen Parasiten und
Pilzen leiden. Je nach Art sind unterschiedliche Symptome,
Ursachen und Behandlungsweisen möglich.

Folgende Symptome können bei Parasiten und Pilzen auftreten:

- Unruhe

- Inaktivität

- Juckreiz mit vermehrtem Putzen

- Schuppen

- Gewichtsabnahme

- sichtbare schorfige, blutige und verkrustete Stellen

- Haarausfall

- Aggressivität

- rundliche und haarlose Stellen mit Verschorfungen
  an den Rändern

Parasitenbefall und Pilzinfektionen können folgende Ursachen haben:

- direkter Kontakt mit befallenen oder infizierten Artgenossen oder anderen Tieren

- parasitenhaltige Einstreu oder infiziertes Futter

- angeschlagenes Immunsystem

- Unsauberkeit (zum Beispiel: Essensreste verschimmeln) im Käfig, verursacht durch seltene Reinigung

- übertriebene Sauberkeit: Käfig wird zu oft desinfiziert, sodass das Immunsystem keine Abwehrkräfte bildet

- Stress, etwa wegen zu häufiger Käfigreinigung

- falsche Käfigeinrichtung, wie zum Beispiel Plastikhäuschen oder Plastikröhren, in denen die Luft nicht eingeschränkt zirkuliert

- falsche Einstreu: Viele Strohsorten sind mit Parasiten belastet, schlecht gelagertes Heu schimmelt und gekaufte Heunester stehen zu lange unverpackt in den Regalen.

- Vorerkrankungen: Sie schwächen das Immunsystem und sorgen für Stress

- falsche Ernährung: Tiere mit Vitamin- und Mineralienmangel haben weniger Abwehrkräfte. Außerdem sorgt Fettsäuremangel für eine brüchige Haut.

So kann die Behandlung von Parasiten aussehen:

Wer bei seinem Zwerghamster Parasiten vermutet, muss das Tier tierärztlich untersuchen lassen, denn Parasitenbefall kann unbehandelt den Tod des Hamsters herbeiführen. Außerdem sind manche Parasiten auf Menschen und andere Haustiere übertragbar. Der Tierarzt oder die Tierärztin stellt die genaue Diagnose und Indikation. Anschließend werden entsprechende Medikamente verordnet. Dabei sollte von Bademitteln abgesehen werden, weil Baden für Zwerghamster immer mit sehr viel Stress verbunden ist. Auch ist es nicht immer einfach, den Hamster nach dem Bad zu trocknen. Nasses Fell kann aber zu einer Lungenerkrankung führen. Besser sind darum Spot-on-Medikamente wie:

- Advocate mit folgender Dosierung: 1 Tropfen, also 0,1 ml pro 100 g Körpergewicht

- Stronghold: 1 Tropfen aus einer Tube mit 15 mg.

Helfen die Medikamente nicht, kann auch auf folgende Injektionen zurückgegriffen werden:

- Ivermectin: Ivomec

- Doramectin: Dectomax. Dosierung: 20 bis 40 Mikrogramm Selamectin je 100 g Körpergewicht.

Wer Ivomec als Spot-on verwendet, muss die Dosierung von 1/3 Tropfen je 100 g Körpergewicht beachten. Oft kommt es jedoch zu einer Überdosierung, was für Tiere Nervenschädigungen, starkes Speicheln, Zittern und Koma mit sich bringt.

Sobald die Zwerghamster behandelt sind, kommen sie in eine saubere Transportbox mit Zellstoffauslage. Sie können auch in ihren Auslauf gesetzt werden. In das Gehege kommen sie erst wieder, wenn dieses gründlich gereinigt worden ist. Außerdem muss nach 10 bis 14 Tagen eine Nachbehandlung stattfinden. Denn bei der Erstbehandlung werden die Parasiten abgetötet, aber nicht ihre Eier. Ohne Nachbehandlung kann es zu einem weiteren Befall kommen.

Es wird bei der Behandlung aus unterschiedlichen Gründen von folgenden Medikamenten und Wirkstoffen abgeraten:

- Sprays wie Bolfo oder Frontline

- Verminex von Petvital

- Exner Petguard

- Neem-Präparate

- Teebaumpräparate

So kann die Behandlung von Pilzen aussehen:
Auch ein Pilzbefall muss vom Tierarzt oder von der Tierärztin diagnostiziert werden. Mittel gegen den Pilzbefall können zum Beispiel folgende sein:

- Canesten® als Lösung oder als Salbe, 2 x pro Tag lokale Anwendung, nur bei leichtem Pilzbefall

- Fungizid-ratiopharm® 1 Tropfen pro 1 befallene Stelle, 2 x pro Tag

- verschiedene Augensalben bei einem Befall im Augen- oder Nasenbereich

- Nystatin: zum Beispiel Nystaderm®, als Suspension oder Mundgel am Kopf bei Hefepilzen

- Lufenuron: zum Beispiel Program®, wird oral verabreicht

- Itraconazol: zum Beispiel Itrafungol®, wird ebenfalls oral verabreicht

Unabhängig von dem speziellen Mittel sollte jede Pilzbehandlung 3 Wochen lang durchgeführt werden. In jedem Fall ist sie 7 Tage lang weiterzuführen, nachdem die Beschwerden bereits abgeklungen sind. Eventuell sollte während der Behandlungsdauer auch ein Chinchillasand verwendet werden, der mit einem Anti-Pilzpulver versehen ist.

Leiden die Tiere zudem unter starkem Juckreiz, kann ein 1 zu 6 Gemisch von Fenistil (Tropfen zu Wasser) gegeben werden. Heilen die Wunden nur schlecht, kann es hilfreich sein, sie mit Bepanthen (Augen- oder Nasensalbe) zu versorgen.

Was sollte bei einem Parasitenbefall oder bei einem Pilzbefall noch bedacht werden?
Wichtig ist vor allem, einen erneuten Befall zu verhindern. Darum müssen alle Haustiere meist mitbehandelt werden. Ebenso ist eine Nachbehandlung bei Parasiten zu unverzichtbar, denn bei der ersten Behandlung werden zwar die

Parasiten abgetötet, nicht aber deren Eier. Aus ihnen schlüpfen nach 10 bis 14 Tagen neue Plagegeister, die vor einer erneuten Eiablage vernichtet werden sollten. Darüber hinaus sollte das Gehege erst einmal richtig gründlich gereinigt werden. Denn Parasiten können auch in der Umgebung (also in der Einstreu, im Futter und so weiter) leben. Darum wird alles mit heißem Essigwasser ausgewaschen und mit Anti-Parasitenspray besprüht. Anschließend muss das Gehege gut trocknen, auslüften sowie ein zweites Mal gründlich gereinigt werden. Auch alle Einrichtungsgegenstände müssen natürlich gesäubert werden. Holz- und Korkgegenstände sind bei 100 °C für rund 40 Minuten zu erhitzen. Nicht stark erhitzbare oder nicht abwaschbare Teile, wie zum Beispiel Heunester, müssen 48 Stunden lang tiefgekühlt werden. Das Gleiche gilt für das Futter und Heu, aber auch für die Einstreu vor der Verwendung.

Bei einem Pilzbefall gelten ähnliche Hygienemaßnahmen. Allerdings müssen hierbei Einstreureste sowie Heunester entsorgt und durch Neue ersetzt werden. Außerdem helfen Anti-Parasiten-Sprays nicht gegen Pilze und Pilzsporen.

Die Zwangsernährung

Bei manchen Erkrankungen ist der Zwerghamster nicht mehr in der Lage, eigenständig zu fressen. In dem Fall muss vom Tierarzt beziehungsweise von der Tierärztin die Ursache dafür herausgefunden werden. Kommt das Verhalten von bestehenden Schmerzen, kann vielleicht ein Schmerzmittel Abhilfe schaffen. Sonst kann eventuell auch eine Zwangsernährung nötig sein. Dafür können verschiedene

Futterbreie selber hergestellt werden. Im Handel gibt es aber auch einige Breie zu erwerben, wie etwa:

Critical Care

Dies ist ein etwas gröberes Futtermittel. Es kann mit einer gewöhnlichen Spritze verabreicht werden. Außerdem enthält es Timotheegras, Getreide sowie genver-ändertes Soja als auch Melasse. Critical Care ist für Zwerghamster kein Alleinfuttermittel.

Produkte von Marumoto

Sie sind als Grundmischung, aber nicht als Vollnahrung gedacht.

Herbi Care Plus

Dies ist ein sehr stark vermahlenes Zwangsernährungsmittel. Es enthält Gräser, Getreide und kann mit einer normalen Spritze aufgezogen werden.

JR Breifutter

Gut geeignet als Grundmischung sowie Vollnahrung.

Und so funktioniert die Zwangsernährung:
Zum Zwangsernähren ist eine Spritze ohne Nadel beziehungsweise eine Pipette notwendig. Außerdem muss der Zwerghamster fixiert werden, es sei denn, das Tier lässt sich ohne Widerstand ernähren. Zum Fixieren wird der kleine Nager idealerweise in kleine Tücher, Waschlappen oder Ähnliches gewickelt. Gelingt dies nicht, muss er von oben mit dem Daumen sowie dem kleinen Finger und dem Ring-

finger links und rechts umfasst werden. Der Zeigefinger und der Mittelfinger fixieren hingegen den Kopf. Die Nager-füße werden wiederum auf der Brust beziehungsweise auf einem Tisch abgestützt. Auch darf das Tier nicht senkrecht oder auf den Rücken gedreht werden. Während die eine Hand also das Tier festhält, wird mit der anderen Hand der Futterbrei verabreicht. Hierzu ist es nötig, die gefüllte Spritze oder Pipette seitlich hinter die Schneidezähne in den Mund hineinzuschieben. Dann wird ein wenig Futter hineingespritzt. Hat der Hamster das Futter zerkaut und geschluckt, erfolgt die nächste Portion. Bei alledem sollte das Zwangsernähren immer mit Geduld geschehen. Muss das Tier zu viel auf einmal schlucken, kann schnell etwas in der Lunge landen und Infektion auslösen.

Ähnlich wie bei der Futterverweigerung kann eine zusätzliche Flüssigkeitszufuhr nötig sein. Das läuft im Prinzip wie oben beschrieben ab. Allerdings ist es hierbei ausreichend, 2 x pro Tag bis zu 1 ml zuzuführen. Neigt das Tier zum Austrocknen (Hautfalten legen sich nicht mehr an den Körper an) muss es natürlich tierärztlich untersucht werden.

Der Tod des Zwerghamsters

Alte Tiere

Mit der Zeit werden Zwerghamster alt. Sie schlafen viel, bewegen sich weniger, werden mager und erscheinen struppig. Solange sie noch gesund sind, nehmen sie aber immerhin noch etwas am Leben im Gehege teil. Deshalb sollten sie, wenn dies möglich ist, auch im Alter noch in ihrem vertrauten Heim bleiben dürfen. Irgendwann sind die meisten Zwerghamster dann einfach eingeschlafen und liegen tot im Gehege. So etwas ist ganz natürlich und trotzdem für viele Halter beziehungsweise Halterinnen ein trauriger Moment. Ist der erste Schreck verdaut, muss der Zwerg-hamster aus dem Gehege genommen und dieses baldigst gereinigt werden. Auch ist der Hamster noch einmal zu untersuchen. Hat er wirklich keinen Herzschlag mehr? Oder bestehen Zweifel an seinem Tod? Bei Letzteren kann das Tier auf ein Tuch abgelegt und beobachtet werden.

Ebenso ist es möglich, dass der Zwerghamster sich vielleicht gerade noch in der Todesphase befindet. Für Besitzer und Besitzerinnen ist dies ein entsetzlicher Anblick. Allerdings ist der Tod unvermeidbar. Wer hier noch bei seinem Haustier bleiben möchte, darf mit ruhiger Stimme zu ihm sprechen. Eventuell ist es auch möglich, ihm Schmerzmittel oder Beruhigungsmittel zu verabreichen. Jedoch sollte das geliebte Haustier nicht unbedingt aus dem Käfig genommen und gestreichelt werden. So etwas würde für die kleinen Nager nur Stress bedeuten, den sie nun nicht gebrauchen können.

Wenn allerdings ein junges und scheinbar gesundes Tier im Sterben liegt, muss sofort der Tierarzt oder die Tierärztin aufgesucht werden.

Kranke Tiere

Zwerghamster sterben jedoch nicht nur an Altersschwäche. Wie jeder Mensch und wie jedes andere Tier auch, können sie auch Krankheiten bekommen. Bei einigen Erkrankungen sind die Heilungschancen sehr gering. Und selbst wenn manche Krankheiten geheilt sind, müssen die Tiere möglicherweise mit schmerzhaften sowie lebensverkürzenden Folgen leben. In diesem Fall kann die Einschläferung eine Erlösung sein. Hierzu wird mit dem Tierarzt oder mit der Tierärztin ein Termin vereinbart. Er beziehungsweise sie erklärt, welche Einschläferungsmethoden es gibt. Anschließend gibt der Arzt oder die Ärztin die persönliche Meinung zur weiteren Vorgehensweise ab. In den meisten Fällen wird aber wohl eher nicht zum Einschläfern geraten. Tierärzte beziehungsweise Tierärztinnen neigen nämlich oftmals viel mehr zu einer langen Behandlung, als zum vorzeitigen Aufgeben. Letztendlich muss jedoch jeder Besitzer beziehungsweise jede Besitzerin selber wissen, was mit dem schwerkranken Zwerghamster geschehen soll. Steht schließlich der Einschläferungstermin fest, wird das Tier noch einmal vorab gründlich untersucht. Beim Einschläfern bekommt der kleine Nager eine gesetzlich vorgeschriebene Narkose, damit er bald nichts mehr wahrnimmt. Danach werden ihm, meist durch Spritzen, vom Tierarzt oder von der Tierärztin die todbringenden Medikamente verabreicht. Während das Tier einschläft, können sich die mit diesem Zwerghamster vertrauten Menschen ausgiebig von ihm verabschieden. Sofern dazu der Wunsch besteht, dürfen sie auch gerne den Raum verlassen, wenn ihnen gerade alles zu viel wird. Nachdem das Haustier wirklich eingeschlafen ist, wird es noch einmal tierärztlich untersucht und der eindeutige Tod festgestellt.

Was sollte nach dem Tod bedacht werden?
Wer das Tier nach dessen Tod mit den Händen anfasst, sollte diese baldigst wieder waschen. Denn tote Tiere ziehen nun einmal Bakterien an. Außerdem sollte man sich spätestens jetzt über die Beerdigung Gedanken machen.

Viele möchten ihre Heimtiere im eigenen Garten vergraben. Das ist in manchen Ländern kein Problem, wenn das Wohngebiet nicht gerade ein Wasserschutzgebiet ist.
Wer keinen eigenen Garten hat, kann das Tier auch beim Tierarzt oder bei der Tierärztin belassen. Diese(r) wird es dann später einer Tierkörperbeseitigungsanlage übergeben, welche es einäschert.
Auch kann man sich an eine Tierbestattungsinstitution wenden, die es vor allem in Großstädten gibt. Auch diese bietet verschiedene Begräbnisvarianten an.

Zu guter Letzt ist es zudem oftmals erlaubt, Haustiere bis zur Größe von Ratten im Hausmüll zu entsorgen.

Die menschliche Trauer

Viele Menschen trauern um ihr Haustier nach dessen Tod. Während manche Menschen den Gedanken an ein neues Haustier nicht ertragen, haben andere Halter oder Halterinnen schon bald den Wunsch nach einem Ersatz. Dies dient vor allem als Ablenkung und Tröstung. Wer sich lieber erst einmal noch kein neues Haustier wünscht, darf natürlich um seinen altgeliebten Mitbewohner trauern. Oftmals hilft es auch, des Tieres zu gedenken. Das kann zum Beispiel über Bilder, stille Gedanken, Grabschmuck oder virtuelle Friedhöfe geschehen.

Schlusswort

Nun sind wir auch schon am Ende des Buches angelangt und Du solltest jetzt die grundlegenden Informationen zur artgerechten Haltung des Zwerghamsters kennen.

Hierbei haben wir verschiedene Themen abgedeckt – beginnend mit derThematisch haben wir in diesem Ratgeber diverse Bereiche abgedeckt – beginnend mit der Zwerghamster-Anatomie, dem Zwerghamsternachwuchs über die Anschaffung und dessen artgerechten Haltung bis hin zu den diversen Krankheitsfällen und der zugehörigen Behandlung. Du weißt nun, welches Verhalten typisch für Deinen Zwerghamster ist, wie Du das richtige Futter findest oder auch das Gehege artgerecht auslegst.

Auch wenn die Pflege eines Zwerghamsters immer mit einem gewissen Aufwand, auch finanzieller Natur, verbunden ist, wird er sowie ggf. sein zukünftiger Nachwuchs Dir und Deiner Familie gewiss eine große Freude bereiten.

Ich hoffe, dass Du Gefallen an meinem Buch gefunden hast und ich Dich dazu bewiegen konnte, Dir einen Zwerghamster anzuschaffen bzw. Dir das notwendige Wissen über dessen Haltung vermitteln konnte.

Deine Anne Davidek

Rechtliches und Impressum

Das Werk einschließlich aller Inhalte ist urheberrechtlich geschützt. Der Nachdruck oder Reproduktion, gesamt oder auszugsweise, sowie die Einspeicherung, Verarbeitung, Vervielfältigung und Verbreitung mit Hilfe elektronischer Systeme, gesamt oder auszugsweise, ist ohne schriftliche Genehmigung des Autors untersagt. Alle Übersetzungsrechte vorbehalten.

Die Inhalte dieses Buches wurden anhand von anerkannten Quellen recherchiert und mit hoher Sorgfalt geprüft. Der Autor übernimmt dennoch keinerlei Gewähr für die Aktualität, Richtigkeit und Vollständigkeit der bereitgestellten Informationen.

Haftungsansprüche gegen den Autor, welche sich auf Schäden gesundheitlicher, materieller oder ideeler Art beziehen, die durch Nutzung oder Nichtnutzung der dargebotenen Informationen bzw. durch die Nutzung fehlerhafter und unvollständiger Informationen verursacht wurden, sind grundsätzlich ausgeschlossen, sofern seitens des Autors kein nachweislich vorsätzliches oder grob fahrlässiges Verschulden vorliegt. Dieses Buch ist kein Ersatz für medizinische oder professionelle Beratung und Betreuung.

Copyright Anne Davidek

Auflage 06/2018

Kein Abschnitt des Textes darf in irgendeiner Form ohne Zustimmung des Autors verwendet werden.

Kontakt: Tim Ong/ Türkstr. 4/ 30167 Hannover

Coverfoto: Marius Engen/shutterstock.com

Formatierung: Anne Davidek

www.ingramcontent.com/pod-product-compliance
Lightning Source LLC
LaVergne TN
LVHW010342200726
843507LV00010B/1608